# Ansia

## Riduci lo stress, concentrati e rinvigorisci il tuo spirito.

**SEAMALL BREE**

## Sommario

# Introduzione generale all'ansia:

## Una panoramica

Cosa ti provoca ansia quando devi sostenere un esame o fare una presentazione?

Provi ansia quando pensi di partecipare a una riunione di famiglia?

Hai notato che ti senti più sotto pressione a causa della scadenza imminente o dell'appuntamento programmato dal dentista?

La maggior parte delle persone è d'accordo con te se hai risposto "sì" a una qualsiasi delle domande precedenti a questa. Nonostante il fatto che le risposte delle persone a eventi specifici possano variare, la realtà rimane che quasi tutti sperimentano un certo livello di preoccupazione, disagio, paura o ansia quotidianamente.

È una "sensazione naturale" provare ansia; la domanda è, quando diventa qualcosa di completamente diverso? Una diagnosi di disturbo d'ansia è giustificata quando le sensazioni ansiose di una persona (paura, preoccupazione, nervosismo, ecc.) non vanno via o addirittura peggiorano nel tempo e interferiscono con il suo funzionamento quotidiano (in relazione al lavoro, alla scuola, agli amici, alla famiglia, ecc.). Ciò è necessario per determinare se l'individuo soffre o meno di un disturbo d'ansia. Una persona che soffre di questa condizione può provare sentimenti di isolamento come risultato del fatto che alcune persone potrebbero non accettarli o addirittura riconoscerli. Per questo motivo, è della massima importanza riconoscere i sintomi in una fase precoce, differenziarli dall'ansia tipica e cercare una terapia il prima possibile. È appropriato solo per un professionista della salute mentale qualificato, come uno psichiatra o uno psicologo, diagnosticare e trattare difficoltà legate alla salute mentale. Come risultato del fatto che in genere impiegano medici della salute mentale qualificati che sono in grado di fornire diagnosi e terapia nascoste, le strutture di riabilitazione indiane sono luoghi eccellenti per iniziare il processo di guarigione.

Di seguito sono riportate le tre grandi categorie che possono essere utilizzate per classificare i disturbi d'ansia:

- I sintomi del DOC potrebbero includere problemi con il sonno, rituali e altri tipi

- Problemi associati allo stress e all'ansia
- Condizioni legate allo stress che si manifestano in questo modo

In che modo l'ansia può essere causata da diversi fattori?

Esiste una significativa prevalenza di disturbi d'ansia; tuttavia, alcuni individui potrebbero avere una maggiore probabilità di sviluppare queste malattie se esposti a particolari fattori di rischio. Di seguito sono riportati alcuni esempi di potenziali pericoli che potrebbero verificarsi:

**Geneticamente derivato (ereditato)**

Il ruolo dei genitori nell'esperienza educativa dei figli

Problemi e catastrofi nella vita quotidiana, nonché un tenore di vita inferiore in termini di status economico e sociale

Essere membro di una comunità che è stata oppressa nel corso della storia

Essere afflitti da una condizione di salute cronica persistente

Abuso di sostanze o manifestazioni fisiche di astinenza                    Fattori comportamentali (tra cui, ad esempio, il fumo e il consumo eccessivo di caffè)

La relazione tra ansia e salute fisica

I disturbi d'ansia sono associati a un rischio aumentato di sviluppare una varietà di problemi di salute, tra cui, ma non solo, obesità, ipertensione e diabete. La presenza di questi disturbi potenzialmente fatali può essere identificata da una serie di indicatori, tra cui obesità, livelli elevati di colesterolo "cattivo", trigliceridi e glicemia. È stato stabilito tramite la ricerca che l'ansia incontrollata può produrre cambiamenti nella biologia fondamentale, che possono causare problemi medici catastrofici. Tuttavia, il meccanismo preciso con cui l'ansia provoca l'insorgenza di queste minacce non è ancora noto. Di conseguenza, l'ipotesi che l'ansia influenzi la persona nella sua interezza riceve più peso da questa evidenza.

Nel caso in cui si riscontri uno di questi segnali di allarme o si tema che l'ansia stia avendo un effetto sulla propria salute fisica, si ha la possibilità di consultare un medico o di iscriversi a una delle numerose cliniche di disintossicazione presenti in India.

In che misura è possibile curare l'ansia?

Risposta in poche parole: sì. Tra i tipi di trattamento più comuni, la consulenza e altre procedure terapeutiche collaudate sono tra le terapie più popolari.

Quando si cerca di vincere l'ansia estrema, potrebbe essere utile consultare un counselor sui possibili fattori scatenanti e sui modi per affrontare la condizione. Il cliente potrebbe cercare il consiglio di un counselor per una serie di problemi, inclusi, ma non limitati a, preoccupazioni sullo stress, incapacità di gestire efficacemente il tempo e difficoltà nelle relazioni interpersonali.

**La professione di psicoterapia :**

Nel corso del tempo, una varietà di trattamenti aggiuntivi hanno anche dimostrato risultati promettenti. La terapia cognitivo-comportamentale (CBT), il lavoro terapeutico familiare e il trattamento di esposizione estesa (PE) sono alcuni esempi dei tipi di approcci che rientrano in questa categoria. I pazienti che soffrono di disturbi d'ansia e altri problemi di salute mentale possono ricevere terapia presso il Sunshine Wellness Centre, uno dei tanti istituti di trattamento farmacologico in India che forniscono servizi terapeutici.

## Farmaceutici

C'è la possibilità che il medico decida di prescrivere farmaci dopo aver valutato i sintomi del paziente e lo stato di salute generale. Farmaci che sono stati prescritti per problemi quali salute mentale, salute cardiovascolare e altre condizioni.

- Una varietà di approcci terapeutici

Un metodo tipico per alleviare l'ansia è quello di combinare il trattamento convenzionale con terapie alternative non invasive come yoga, meditazione, agopuntura e altre pratiche simili. I trattamenti complementari sono offerti al Sunshine Wellness Center , che è considerato una delle migliori cliniche di riabilitazione dalla droga. Queste terapie sono progettate per aiutare i pazienti a far fronte alle cure mediche convenzionali piuttosto che sostituirle.

Niente nella vita è mai esattamente come sembra. L'aspettativa che daremo il cento per cento ogni singolo giorno non è ragionevole. Qualunque cosa sia, è normale provare un certo livello di ansia.

Questo è ciò che ti distingue dalle altre creature e ciò che ti dà la possibilità di essere considerato umano.

# Una spiegazione della definizione di terapia cognitivo- comportamentale (CBT)

Se potessi aiutarmi a descrivere cos'è la terapia cognitivo- comportamentale e come viene impiegata, te ne sarei davvero grato. La terapia cognitivo- comportamentale (CBT) è una forma di psicoterapia che mira a migliorare il benessere emotivo e comportamentale dei pazienti insegnando loro a diventare più consapevoli di sé e a cambiare i modelli di pensiero negativi che hanno sviluppato nel tempo.

- La definizione concisa di CBT

"terapia cognitivo- comportamentale " è una forma di terapia che include elementi sia di terapia comportamentale che cognitiva, con l'intento di aiutare i pazienti a "identificare modelli di pensiero, reazioni emotive o comportamenti errati o disadattivi e sostituirli con modelli desiderati".

Quando si tratta di instabilità emotiva, disperazione e ansia, la terapia cognitivo- comportamentale pone un'enfasi significativa sul riconoscimento e la correzione di schemi di pensiero negativi che contribuiscono o esacerbano queste caratteristiche. Allo stesso tempo, mentre emergono apparentemente dal nulla, queste nozioni negative hanno un effetto dannoso sul nostro comportamento .

L'identificazione di idee illogiche, la messa in discussione di tali convinzioni e, infine, la loro sostituzione con altre più ragionevoli e sensate sono tutte componenti della terapia cognitivo - comportamentale (CBT).

Questo libro fornisce una panoramica concisa della terapia cognitivo- comportamentale (CBT) in appena un minuto e trentuno secondi. Il film è stato valutato da Steven Gans , MD, per vedere se è accurato o meno da un punto di vista medico. Esistono numerose varianti della terapia cognitivo -comportamentale .

Nella terapia cognitivo -comportamentale (CBT), che viene utilizzata per gestire i nostri pensieri, sentimenti e azioni, viene utilizzata un'ampia varietà di metodi e approcci. Le psicoterapie strutturate e le tecniche di auto-aiuto sono due esempi di approcci alternativi. L'applicazione della terapia cognitivo- comportamentale può essere osservata in un'ampia varietà di contesti terapeutici.

Lo scopo fondamentale della terapia cognitiva è identificare e modificare schemi disfunzionali di pensiero, sentimento e comportamento quando vengono identificati e affrontati.

Insegnando ai pazienti abilità come la regolazione emotiva e la consapevolezza, la terapia dialettico comportamentale (DBT) mira ad aiutare i pazienti a rompere schemi di pensiero e comportamento dannosi . Ciò si ottiene insegnando ai pazienti abilità.

I principi del trattamento multimodale sono i sette domini distinti ma interconnessi di comportamento , emozione, sensazione, immaginazione, cognizione, variabili interpersonali, farmaci e biologia. Questi sono i fondamenti del trattamento multimodale che, quando applicati a problemi di salute mentale, producono i risultati migliori. Gli individui che partecipano alla terapia comportamentale emotiva razionale (REBT) acquisiscono la capacità di identificare modelli di pensiero negativi e quindi di mettere in discussione la validità di tali modelli per modificarli.

Nonostante si concentrino su aspetti diversi del disagio mentale, tutte le forme di terapia cognitivo -comportamentale (CBT) sono incentrate sulla modifica dei modi di pensare disfunzionali.

- Tecniche di trattamento sia comportamentali che cognitive

Oltre alla semplice identificazione di schemi di pensiero, la terapia cognitivo -comportamentale coinvolge una gamma più ampia di attività. Egli fa uso di un'ampia varietà di approcci per aiutare gli individui a superare queste tendenze. Alcuni approcci della terapia cognitivo-comportamentale (CBT) sono descritti nei paragrafi seguenti.

Alcuni suggerimenti che non sono produttivi. Avere una comprensione dei modi in cui il comportamento illogico può essere influenzato da pensieri, sentimenti ed esperienze spiacevoli è della massima importanza.

È possibile, tuttavia, che sarà difficile, in particolare per le persone che hanno difficoltà a impegnarsi nella riflessione. Riconoscere questi pensieri può portare a una maggiore consapevolezza di sé e comprensione, mentre ignorarli può ritardare il processo di riabilitazione.

- Implementazione dei quadri teorici nella pratica

Una componente comune della terapia cognitivo - comportamentale è l'insegnamento di competenze che possono essere applicate in situazioni del mondo reale e situazioni che si verificano nella vita di tutti i giorni. È possibile, ad esempio, che le tecniche di coping di una persona per situazioni sociali che causano ricadute siano simili a quelle di una persona che soffre di un disturbo da uso di sostanze.

- Mettere insieme un elenco di

Durante il processo di recupero da una malattia mentale, uno dei metodi più efficaci per mantenere la motivazione è stabilire obiettivi che siano sia chiari che accessibili. Nella terapia cognitivo -comportamentale , uno degli aspetti più significativi è la capacità del terapeuta di assistere nello sviluppo e nel rafforzamento della capacità del cliente di definire obiettivi.

Una tecnica che potrebbe essere adottata è quella di istruirti sulle sfumature dell'identificazione degli obiettivi, nonché di aiutarti a distinguere tra obiettivi a breve e a lungo termine. Quando si tratta di obiettivi, gli obiettivi SMART, ovvero obiettivi specificati, misurabili, raggiungibili, pertinenti e vincolati al tempo, daranno al processo la stessa importanza che hanno per il risultato finale.

- Trovare soluzioni ai problemi

Le tecniche insegnate nella terapia cognitivo - comportamentale possono essere utilizzate per trovare soluzioni a un'ampia varietà di problemi che si presentano nella vita di una persona. Quando ciò viene fatto, le malattie, sia mentali che fisiche, hanno il potenziale per avere un impatto minore sulla vita degli individui coinvolti.

Per risolvere i problemi più frequenti con la terapia cognitivo- comportamentale (CBT) è necessario seguire i cinque passaggi seguenti:

Individua la fonte del problema. Prova a trovare diverse soluzioni al problema. Considera attentamente ogni alternativa, sia gli aspetti positivi che quelli negativi di ciascuna. Scegli una strategia da mettere in atto. Intraprendi i passi necessari per porre rimedio al problema.

- Il tracciamento degli individui

La pratica dell'automonitoraggio, che può essere realizzata tramite l'uso di un quaderno, è una componente essenziale della terapia cognitivo-comportamentale . Il tuo terapeuta dovrebbe essere informato delle tue scoperte e dei tuoi progressi mentre tieni un diario delle tue attività, sintomi o esperienze nel corso di più sedute. Il tuo terapeuta sarà in grado di fornirti un'assistenza migliore se gli fornirai i dati del tuo automonitoraggio. Per coloro che combattono contro i disturbi alimentari, potrebbe essere utile tenere un diario alimentare che descriva in dettaglio i loro orari tipici di alimentazione e le sensazioni che provano nei minuti che precedono, durante e dopo i pasti.

Attività come tenere un diario, partecipare a giochi di ruolo, praticare tecniche di rilassamento e aggiungere diversivi mentali sono tutti modi in cui puoi migliorare l'efficacia del tuo programma di terapia cognitivo comportamentale (CBT). Risultati tipici che possono essere previsti dalla terapia cognitivo comportamentale La terapia cognitivo comportamentale è una forma di trattamento che richiede solo un breve periodo di tempo e può aiutare gli individui a imparare a prestare attenzione ai propri pensieri e convinzioni qui e ora.

Esiste una vasta gamma di disturbi medici che possono essere trattati utilizzando la terapia cognitivo comportamentale .

È importante notare che i vantaggi del trattamento cognitivo- comportamentale non si limitano al campo della salute mentale.

- La presenza di dolore persistente o di un problema di salute cruciale
- Separarsi e divorziare
- Disperazione in seguito al verificarsi di una battuta d'arresto
- L'incubo che è Mancanza di fiducia in se stessi
  Relazioni in conflitto
- Nei periodi di stress, alcuni suggerimenti per prendersi cura di sé

La terapia cognitivo-comportamentale TCC si basa sul presupposto che lo stato mentale di un individuo abbia un impatto significativo sul suo comportamento , il che rappresenta uno dei benefici del trattamento.

A causa della loro persistente ansia per possibili disastri, come incidenti aerei e incidenti in pista, alcuni individui potrebbero decidere di astenersi del tutto dal volare.

cognitivo- comportamentale può aiutare gli individui a diventare più consapevoli di sé e ad accettare la responsabilità delle proprie risposte e interpretazioni delle proprie esperienze, nonostante il fatto che non siano in grado di influenzare le circostanze esterne in cui si trovano.

Di seguito è riportato un elenco dei benefici più significativi offerti dalla terapia cognitivo - comportamentale                                        :
attraverso il processo di esposizione e trattamento dei pensieri spiacevoli ed emotivamente debilitanti, questa strategia può aiutarti a sostituire tali pensieri con altri positivi e produttivi anziché con quelli negativi.

Trattandosi di una terapia relativamente a breve termine, spesso bastano dalle cinque alle venti sedute per osservare i risultati.

Può essere utile per un'ampia varietà di abitudini indesiderate. Il costo è solitamente inferiore al costo di scelte di trattamento alternative nella maggior parte dei casi. Il trattamento ha successo indipendentemente dal fatto che venga somministrato di persona o online.

Questa opzione di trattamento è disponibile per gli individui che non necessitano dell'uso di farmaci psichiatrici. La terapia cognitivo- comportamentale , nota anche come CBT, è una forma di trattamento che insegna agli individui metodi che possono usare nel presente e nel futuro per superare le sfide che stanno affrontando.

## Argomenti a sostegno della terapia cognitivo- comportamentale

Negli anni '60, uno psichiatra di nome Aaron Beck scoprì che particolari schemi di pensiero rendevano i problemi emotivi dei suoi pazienti ancora più gravi. Questa comprensione portò infine allo sviluppo della terapia cognitivo- comportamentale (CBT). Il problema dei "pensieri negativi automatici" fu l'impulso per Beck a sviluppare la terapia cognitiva come potenziale opzione di trattamento.

Contrariamente all'uso praticamente esclusivo di associazioni, rinforzi e punizioni nelle terapie comportamentali tradizionali, l'approccio cognitivo cerca di migliorare il comportamento concentrandosi sui modi in cui i pensieri e i sentimenti di un individuo influenzano tale comportamento .

L'approccio cognitivo- comportamentale è attualmente uno dei trattamenti che ha ricevuto la maggiore attenzione da parte dei ricercatori. L'applicazione di questo metodo ha dimostrato risultati positivi nel trattamento di un'ampia varietà di condizioni di salute mentale, come ansia, depressione, disturbi alimentari, insonnia, disturbo ossessivo-compulsivo, disturbo da stress post-traumatico e abuso di sostanze. La terapia
cognitivo- comportamentale ha dimostrato di essere il metodo più efficace per trattare i problemi alimentari, secondo uno studio medico. La                                    terapia
cognitivo- comportamentale (CBT) potrebbe essere in grado di fornire assistenza a individui che hanno problemi a dormire a causa di problemi medici come dolore cronico o disturbi dell'umore come la depressione.

Nel trattamento dell'ansia e della depressione nei bambini e negli adolescenti, la terapia cognitivo - comportamentale ha dimostrato di essere efficace.
L'ansia e le malattie ad essa correlate, come il disturbo da stress post-traumatico (PTSD) e il

disturbo ossessivo-compulsivo, hanno dimostrato benefici clinicamente significativi, secondo una meta-analisi condotta nel 2018 che ha incluso 41 studi.

Quando si tratta di aiutare coloro che lottano con problemi legati all'uso di sostanze, la terapia cognitivo -comportamentale ha ricevuto molto supporto dalla ricerca. Le prove disponibili suggeriscono che questo tipo di trattamento può aiutare gli individui che stanno combattendo contro i disturbi da uso di sostanze nello sviluppo di migliori capacità di adattamento, nell'acquisizione della capacità di gestire i propri impulsi e nella riduzione della loro esposizione a situazioni che scatenano i loro sintomi. La terapia cognitivo- comportamentale (CBT) è una delle terapie che ha ricevuto più ricerche poiché è incentrata sul raggiungimento di obiettivi particolari e ha risultati che possono essere misurati.

Secondo i risultati di un sondaggio intitolato "Mind's Cost of Treatment", che intendeva comprendere meglio come le persone negli Stati Uniti affrontano gli ostacoli finanziari che sono coinvolti nella terapia, una significativa maggioranza degli intervistati ha ritenuto che il trattamento sia benefico.

Circa il novanta percento degli intervistati ritiene che la raccomandazione sia benefica.

L'84% dei pazienti è soddisfatto dei progressi compiuti nel trattamento e il 91% è soddisfatto della terapia stessa. Questo in riferimento alla salute mentale dei pazienti.

- Considerazioni cruciali quando si tratta di terapia cognitivo comportamentale

È possibile che alcuni individui trovino difficile eseguire la terapia cognitivo- comportamentale . Di seguito sono elencati alcuni esempi per la tua lettura. Adattati alle circostanze in continuo cambiamento. Sebbene siano consapevoli dei loro schemi di pensiero negativi, alcuni pazienti riferiscono di sentirsi intrappolati quando iniziano il trattamento per la prima volta. Questo perché non sono in grado di cambiare i loro schemi di pensiero negativi. La struttura della terapia cognitivo -comportamentale è davvero bella.

Una delle principali differenze tra la terapia cognitivo -comportamentale e la psicoterapia psicoanalitica è che la prima non attribuisce un'alta priorità all'affrontare la resistenza di fondo del paziente al cambiamento. A 15 D'altra parte, è più strutturata, il che può creare difficoltà alle persone che cercano di mantenere l'ordine nelle loro attività.

Avere la capacità di adattarsi è fondamentale. Per garantire il successo della terapia cognitivo - comportamentale , devi essere disposto a dedicare una notevole quantità di tempo all'introspezione delle tue azioni e dei tuoi comportamenti . Per comprendere il modo in cui i nostri sentimenti influenzano le nostre azioni, è necessario impegnarsi nell'introspezione, che non è sempre un compito facile. Il completamento dei compiti richiede spesso una certa quantità di tempo.

L'approccio della terapia cognitivo - comportamentale (CBT) è spesso quello che aiuta a modificare il comportamento in modo progressivo e graduale nel corso di un periodo di tempo significativo. Quando un paziente è nelle fasi iniziali del trattamento per l'ansia sociale, ad esempio, potrebbe essere utile per lui ricreare mentalmente situazioni sociali spiacevoli mentre lo fa. Unire le forze con amici o familiari affidabili può essere la mossa successiva che ha più senso. Quando lavori su piccoli obiettivi che contribuiscono a uno più grande, è molto più semplice gestire le situazioni che si presentano.

## Iniziare la terapia cognitivo comportamentale : da dove cominciare

L'approccio della terapia cognitivo comportamentale ha dimostrato di essere efficace nel trattamento di una varietà di problemi di salute mentale. Quanto segue dovrebbe essere preso in considerazione per determinare se questo trattamento potrebbe essere utile o meno per te o per una persona cara:

È facile trovare un terapeuta qualificato, sia chiedendo un riferimento al tuo medico di base, sia consultando il registro dei professionisti accreditati gestito dalla National Association of Cognitive- Behavioral Therapists. La tua ricerca per "terapia cognitivo- comportamentale vicino a me" produrrà anche risultati per i professionisti di questo metodo che si trovano nelle tue immediate vicinanze.

Dovresti riflettere sulle tue preferenze personali, ad esempio se ritieni che il trattamento di persona o per via elettronica sarebbe più vantaggioso per te.

È fondamentale contattare la propria compagnia assicurativa per ottenere informazioni sul numero di sedute di terapia cognitivo-comportamentale rimborsate annualmente.

Dovresti segnare un appunto sul tuo calendario e programmare un appuntamento con il terapeuta di tua scelta. Sii impaziente e porta un atteggiamento piacevole al primo incontro che hai con l'altra persona. È tempo di smettere di sprecare tempo e iniziare a fare progressi; per riuscirci, devi essere pronto a riconoscere gli elementi che ti hanno impedito di raggiungere i tuoi obiettivi.

- Quando si considera la terapia cognitivo-comportamentale

Ecco alcune cose che dovresti aspettarti In quanto persona che non ha mai partecipato alla terapia cognitivo- comportamentale (CBT), potresti essere curioso di sapere come funziona il trattamento. Ci si aspetta che questa sessione sia strutturata nello stesso modo della tua consulenza iniziale con qualsiasi altro medico.

All'inizio della sessione, il terapeuta e il paziente normalmente esamineranno un accordo di servizio terapeuta-paziente, informazioni riguardanti l'assicurazione, la storia clinica del paziente, i farmaci che sta assumendo al momento e la documentazione HIPAA, nota anche come documenti sulla privacy. Nel corso della consulenza virtuale, è molto probabile che questi moduli vengano compilati elettronicamente.

Per arrivare in fondo ai tuoi sintomi e determinare cosa li ha causati, il tuo medico ti farà molto probabilmente molte domande personali sulla tua salute attuale. Queste domande includeranno informazioni sulla tua educazione, istruzione, impiego, relazioni (romantiche, familiari e amicali) e altri aspetti della tua vita. ti hanno spinto a cercare assistenza. Il tuo terapista cognitivo- comportamentale sarà più in grado di aiutarti a essere più consapevole dei tuoi schemi di pensiero dannosi o irrealistici una volta che avrà acquisito una comprensione più profonda di te, delle tue sfide e di ciò che desideri ottenere tramite la terapia cognitivo-comportamentale (CBT). Devi iniziare a pensare e comportarti in modo più ottimista; quindi, la fase successiva è iniziare a impiegare strategie che realizzeranno efficacemente questo obiettivo.

Discuteremo degli approcci che hanno avuto successo e di quelli che non hanno avuto successo nei prossimi incontri. Un esempio di attività di terapia cognitivo comportamentale (CBT) di auto-aiuto che il tuo terapeuta potrebbe consigliare è tenere un diario in cui annotare pensieri negativi o eseguire esercizi progettati per ridurre l'ansia tra una sessione e l'altra.

# Cosa c'è che non va in me?

Ti sei mai chiesto "Cosa c'è che non va in me?" in qualsiasi momento della tua vita? Ti sei mai chiesto questa domanda? Allora non sei il solo. Ci sono buone probabilità che tu ti sia già ritrovato a pensarci. Mentre le insicurezze possono durare solo per un breve periodo di tempo per alcune persone, possono durare per tutta la vita per altre. Inoltre, potrebbe essere un'indicazione che ti trovi attualmente di fronte a una situazione che ti porta a mettere in dubbio la tua capacità di resistere.

Indipendentemente dall'origine delle tue incertezze, dovresti essere consapevole che ci sono delle azioni che puoi fare per iniziare a sentirti diversamente riguardo a te stesso. Inoltre, non dovresti cercare di ignorare questa sensazione quando si tratta di te; dovresti semplicemente accettarla. Siediti con i tuoi sentimenti piuttosto che cercare di metterli da parte quando li stai vivendo. È possibile che potrebbe essere utile discutere della tua sofferenza mentale con un esperto qualificato, anche se l'idea di farlo è spaventosa.

Le cause del tuo malessere, così come nove semplici metodi per ripristinare il tuo equilibrio

Devi determinare la fonte del tuo scetticismo prima ancora di poter iniziare a discutere di potenziali terapie. Questo disagio potrebbe essere il risultato di una serie di fattori, che vanno da una battuta d'arresto momentanea a un disturbo medico più fondamentale. Dai un'occhiata agli scenari e vedi se qualcuno di essi suona come qualcosa che hai già sperimentato in precedenza.

Avere la sensazione di essere sopraffatti Una delle risposte più frequenti alla possibilità che qualcosa non vada in te è provare sensazioni di essere sopraffatti o di non riuscire a pensare con chiarezza. Inoltre, hai mai avuto l'impressione che ci siano semplicemente troppe cose che devi fare, ma non hai abbastanza tempo per farle? Se stai provando sensazioni di malessere, potrebbe essere dovuto alle circostanze estremamente difficili in cui stai vivendo. Ci sono diverse attività e circostanze che possono darti l'impressione di scivolare indietro nella velocità della vita. Avere una carriera stressante, una famiglia numerosa, difficoltà finanziarie o qualsiasi altra cosa del genere sono esempi di questo tipo di circostanze.

Ti è mai capitato di sentirti come se fossi fermo, anche quando tutto intorno a te sembra andare a gonfie vele? Potresti, d'altro canto, cercare di andare avanti da una relazione che è traumatica per te, da un lavoro che disprezzi o da una relazione finita.

Quando non sei soddisfatto della tua situazione attuale perché la paragoni all'immagine idealizzata che ne avevi, è ovvio che c'è qualcosa che non va in te.

La capacità di superare una situazione di stallo
Disimpegnarsi e sentirsi depressi

I sentimenti di isolamento e solitudine possono essere causati da una varietà di fattori. D'altro canto, è possibile che tu abbia difficoltà a esprimerti con le persone a cui tieni o che tu possa essere timido con le persone nuove. Quando ci si sofferma sulle idee negative che derivano dall'essere soli, diventa più difficile coltivare il tipo di amicizie profonde e relazioni romantiche che sono benefiche per la salute e la durata della vita.

Inizia subito eseguendo questi dieci semplici passaggi! L'isolamento causato dalle esperienze traumatiche

È possibile che tu stia affrontando le conseguenze di un'esperienza traumatica se hai preoccupazioni sulla tua salute. Una persona potrebbe sperimentare un trauma in vari modi, come la perdita di una persona cara, subire abusi fisici o vivere un incidente catastrofico come un incendio domestico.

Altrettanto reale, se non di più, è l'esperienza di vivere con un abusatore narcisista o con qualsiasi altra causa di trauma sottile e nascosta. Se tu o qualcuno che conosci ha attraversato qualsiasi tipo di situazione traumatica, è fortemente consigliato cercare il supporto di un esperto di salute mentale.

Avere una malattia fisica ed esserne malato Quando ti guardi, hai la sensazione che qualcosa non vada nel tuo aspetto fisico? Ti senti senza dubbio confuso e ansioso per quello che sta succedendo, indipendentemente dal fatto che tu abbia un problema medico che è stato registrato in passato e ora stai avendo nuovi sintomi o che i tuoi sintomi non siano stati riconosciuti o diagnosticati. influisce sullo stato della tua salute fisica.

Se ti stai chiedendo "Cosa c'è che non va in me?", considerate le circostanze, comprendiamo perfettamente la tua domanda. Una diagnosi accurata da parte di un medico professionista è spesso il primo passo nel processo di risoluzione

di un problema.
Hanno un impatto negativo sul senso di autostima di una persona .

Per coloro che lottano con una bassa autostima, è possibile che inizino a credere di essere difettosi. Non è la validità di questo sentimento in relazione alla realtà che è importante; ciò che è importante è come ti percepisci. Quando ti tratti con disprezzo e indifferenza, è impossibile non provare sentimenti di inadeguatezza in ogni aspetto della tua vita. Per superare la bassa autostima, una tecnica comune ed efficace è quella di valutare i propri principi di base per determinare se sono o meno la causa del problema. Per affrontare la malattia mentale e la bassa autostima, ci sono cinque passaggi che devono essere intrapresi. La sensazione costante che qualcosa non va in te può, alla fine, essere il risultato di una malattia mentale diagnosticabile come depressione, ansia o un disturbo della personalità.

Una possibile spiegazione per questa sensazione è possibile.
Il miglior corso d'azione in questo genere di situazioni è consultare un professionista della salute mentale per un esame e un trattamento, in un modo analogo a quello di una condizione fisica.

D'altro canto, dovresti anche concentrarti sullo sviluppo della tua capacità di affrontare situazioni stressanti per essere in grado di assumerti la responsabilità della tua salute mentale nella misura più ampia possibile.

Una guida per affrontare circostanze e confronti difficili

Hai a disposizione diverse opzioni per alleviare la sensazione che qualcosa non va in te, indipendentemente da cosa ti stia causando quell'emozione. È importante determinare la fonte del problema in modo da poter selezionare la strategia più appropriata per risolverlo. Prenditi del tempo per rilassarti e decomprimere. C'è la possibilità che la consapevolezza improvvisa che qualcosa non va possa innescare una reazione a catena di sentimenti e idee negative. Inizia impegnandoti in attività che ti faranno sentire bene con te stesso.

Quando è necessario che ciò avvenga, dovresti creare un documento intitolato **"attività tranquille"** e usarlo come riferimento. Tra gli elementi che potrebbero essere inclusi in tale elenco per ridurre lo stress ci sono quelli elencati di seguito.

Se ti senti sopraffatto o deluso, dovresti prendere la tua lista e iniziare a esaminare le voci una alla volta.

- Norme che sono calmanti

Godetevi l'aria fresca e il sole uscendo all'aperto. Tenete un diario in cui annotare i vostri sentimenti durante il giorno.

Si consiglia di chiamare un amico compassionevole, un conoscente o una persona cara.

Prendi in considerazione di fare una lista di tutte le cose che devono essere fatte se ti senti sopraffatto e non hai chiaro come iniziare. Se hai difficoltà a rilassarti, potresti trovare utile usare un'app come Headspace. L'effetto terapeutico dell'inalazione dell'aroma di un olio essenziale, come la lavanda, può essere ottenuto in questo modo.

Considera di iscriverti a un corso di yoga o di rilassamento offerto online. Investire in un libro avvincente è un ottimo modo per allontanarti dai tuoi sentimenti.

Metti un film o un programma televisivo che ti piace guardare, ad esempio uno che sia rilassante, interessante o entrambe le cose.

## Crea una strategia per farlo.

Il passo successivo è determinare come affronterai le cose che ti stanno davvero facendo sentire orribile con te stesso. Nonostante sia facile cedere alla disperazione quando le cose sono difficili, mantenere la concentrazione nel trovare risposte ti darà la forza di andare avanti mentre vai                                                    avanti. Qualsiasi ulteriore azione che sceglierai di intraprendere dipenderà dalle specificità della tua situazione; tuttavia, potrebbe comportare una qualsiasi delle seguenti opportunità: chiedi consiglio a un professionista della salute mentale consultandolo.

Trova una carriera che ti consenta di sfruttare al meglio le tue competenze e la tua esperienza.

Dovresti sforzarti di migliorare la tua capacità nelle interazioni sociali, comprese quelle con amici, partner romantici e relazioni familiari. Partecipa ad attività che soddisfano il tuo desiderio di piacere, come imparare a lavorare a maglia o praticare uno sport.

L'atto di leggere libri di self-help può insegnarti molto sulla vita e su te stesso. Dovresti cercare un compagno che sia responsabile se hai bisogno di assistenza per rimanere sulla buona strada. Prenditi del tempo per prenderti cura di te stesso.

Dopo aver fatto qualche respiro profondo e aver formulato una strategia per affrontare le sfide che stai affrontando al momento, sei ora obbligato a tenere d'occhio le tue emozioni future per porre fine alla spirale discendente del tuo umore prima che diventi incontrollabile.

Essendo più in sintonia con i segnali che il tuo corpo ti invia, potresti essere in grado di impegnarti in attività che migliorano il tuo umore. Nel caso in cui tu stia vivendo una di queste emozioni, ecco alcune strategie che possono aiutarti a gestirle.

Nel caso in cui ti sentissi annebbiato o sovraccarico mentale, potrebbe essere utile fare una lista di tutto ciò che ti viene in mente. Sentirsi completamente esauriti: puoi raggiungere un sano ciclo sonno-veglia facendo cose come andare a letto e alzarti alla stessa ora ogni giorno. Questo ti aiuterà a raggiungere un equilibrio tra dormire troppo e dormire troppo poco.

Relativamente facilmente agitato o irrequieto? Esci di casa e pratica qualche forma di attività fisica, come yoga, allenamento a intervalli ad alta intensità o camminata sul tapis roulant.

È importante determinare la fonte del dolore non appena inizia e cercare sollievo da esso il prima possibile, ad esempio andando dal medico. La meditazione consapevole, il rilassamento muscolare progressivo (PMR) e le attività che si concentrano sulla respirazione profonda possono essere utili per le persone che hanno difficoltà a rilassarsi e soffrono di ansia. Dovresti impostare un timer per la tua ansia. Tenere traccia della tua salute mentale nello stesso modo in cui monitori la tua salute fisica è qualcosa che dovresti fare ogni volta che è possibile. La pratica di riservare del tempo ogni giorno per riflettere e registrare i tuoi problemi è un approccio che può essere utilizzato a questo proposito.

Dopodiché, dovrai elaborare una strategia per affrontare ciascuno dei problemi. Potresti voler riconsiderare la tua strategia se temi di rendere la situazione ancora più difficile. Il modo migliore per assicurarti di avere tempo durante la giornata per annotare le tue preoccupazioni è programmare un certo momento ogni giorno. Dovresti impostare un timer e utilizzarlo regolarmente; quando il timer si spegne, dovresti mettere i tuoi problemi in pausa fino alla prossima volta che te ne preoccuperai.

Cerca di evitare di soffermarti sui problemi che stai vivendo mentre provi sensazioni di ansia. Prendi nota delle tue preoccupazioni, esplora possibili soluzioni o prova a cambiare la tua prospettiva.

In qualunque modo ritieni opportuno, prenditi cura di te stesso. Stabilire un periodo nella tua agenda da dedicare alle tue esigenze è della massima importanza. La parola "self-care" può essere usata per riferirsi a un'ampia varietà di attività che sono utili per mantenere la propria salute mentale ed emotiva in buone condizioni. Per aiutarti con la tua self-care quotidiana, ecco alcuni suggerimenti.

Dovresti dormire almeno sette o otto ore ogni notte; anche dormire 10 ore può farti sentire assonnato.

Pur assumendo una quantità adeguata di proteine e fibre , dovresti evitare zucchero, cibi lavorati e alcol.

Mantenere una frequenza cardiaca aerobica può essere ottenuto muovendosi frequentemente e facendo stretching ogni giorno; diecimila passi sono un obiettivo fantastico, ma cinquemila passi sono un ragionevole punto di partenza verso cui puoi                                        lavorare.

Prendi l'abitudine di prenderti del tempo per rilassarti ogni giorno. Quando lavori al computer, ad esempio, dovresti sforzarti di evitare di fissare uno schermo per lunghi periodi di tempo.

Crea un programma giornaliero che ti consenta di dedicarti ad attività che ti diano gioia, come leggere un libro o guardare un programma televisivo.

Trascorri del tempo all'aria aperta e goditi ciò che la natura ha da offrire; farlo è un modo eccellente per rilassarsi e ottenere un po' di vitamina D. Basta premere play per ricevere qualche consiglio su come sentirsi meglio. Durante questa puntata del Mind Podcast, l'editor e assistente sociale clinica Amy Morin, certificata come assistente sociale clinica autorizzata, discute un modo per superare la depressione. Coinvolgi un professionista specializzato in salute mentale.

C'è qualcosa di difficile nella tua vita in questo momento, o hai mai dovuto affrontare un'esperienza traumatica in passato? Sei preoccupato per un problema che potrebbe essere correlato alla tua salute mentale? Se questo è il caso, le tue migliori opzioni sarebbero di consultare un esperto di salute mentale che ha ricevuto una formazione nel campo. I farmaci e la terapia della parola sono due esempi di trattamenti di successo disponibili per i problemi di salute mentale. Questi trattamenti sono offerti per una varietà di condizioni, tra cui ansia, depressione e disturbi della personalità. Se usati esattamente come indicato, i farmaci hanno il potenziale per migliorare il tuo umore e rendere più facile mettere in pratica i metodi di coping che hai acquisito durante il trattamento. Potrebbe essere utile cercare il supporto professionale di un terapeuta per consentire l'introspezione e la modifica del punto di vista.

terapeutici e di consulenza affidabili I servizi di consulenza online che abbiamo testato e valutato in modo obiettivo includono Regain, Betterhelp e Offered Online Talkspace , per nominare solo alcune delle migliori opzioni disponibili. Fai in modo che i tuoi problemi siano affrontati.

Se pensi di soffrire di ansia, hai a disposizione altre opzioni oltre a consultare un esperto di salute mentale. Di seguito è riportato un elenco di suggerimenti consigliati.

Se hai difficoltà a rilassarti, potresti provare a prendere un integratore di Ashwagandha. I ricercatori hanno dimostrato che questa pianta ha il potenziale per essere benefica nel trattamento di un'ampia gamma di condizioni

neurologiche.                                    1.
Nel caso in cui fosse necessario, applica oli essenziali come l'olio di lavanda.

Utilizzare il rilassamento muscolare progressivo o un'altra tecnica di rilassamento (PMR) è un metodo efficace per alleviare lo stress. Dovresti mettere giù il telefono e prenderti una pausa dai social media e dalle notizie per un po'. Leggendo libri o ascoltando podcast, puoi ottenere una guida esperta su come controllare la tua ansia e ridurne i sintomi. Fai regolarmente un po' di stretching leggero, yoga o camminata veloce per migliorare la tua flessibilità.

Prendi il controllo del tuo umore, che è bipolare. Ma cosa succede se ti senti sempre di cattivo umore? Per coloro che non sono certi se i farmaci o il trattamento possano essere utili, è meglio chiedere consiglio a un professionista della salute mentale competente. Per alcune persone, la confusione che accompagna la depressione può portarle a credere che l'aiuto sia inutile o che altre persone stiano peggio di loro, il che le porterebbe a credere di non meritare supporto.

Nel caso in cui questo sia il caso, dovresti discutere di come ti senti con un altro uomo o una donna. Se li chiami, puoi chiedere informazioni sulla possibilità di fissare un appuntamento con il medico.

Sebbene cercare l'aiuto di un professionista sia sempre una soluzione, esistono delle strategie che puoi mettere in atto autonomamente per ridurre i sintomi della depressione.

A causa dei noti effetti depressivi dell'alcol, si raccomanda alle persone che soffrono di depressione di astenersi dal berlo.

Mantieni la tua routine di fitness; così facendo, stimolerai il rilascio di endorfine, che potrebbero darti un po' di sollievo nel breve termine.

Mantenere un programma di sonno regolare; gli studi hanno dimostrato che la depressione può essere causata sia da una quantità eccessiva di sonno che da una quantità insufficiente di sonno.

Riconsidera le tue ipotesi e supposizioni negative: sarebbe utile per te procurarti un libro di auto-aiuto sulla terapia cognitivo- comportamentale (CBT) per la depressione, in modo da poter raggiungere i tuoi obiettivi. Migliora te stesso ogni giorno. Nel caso in cui tu abbia difficoltà a iniziare, è consigliabile iniziare con passi più piccoli e gestibili, per acquisire slancio verso quelli più grandi.

Prendi appunti sui tuoi sentimenti ogni giorno: se potessi, scrivi un elenco di tutto ciò che ti causa stress ogni giorno e assegna un punteggio di dieci a ciascuno di quegli elementi. Tenere un diario della tua gioia ti sarà utile a lungo termine. Dovresti tenere un registro di tutti i tuoi successi e dei benefici che ti sono stati conferiti.

Non aggrapparti alla tua miseria. Nonostante ci sia uno standard prestabilito che ognuno di noi deve sforzarsi di raggiungere, la realtà è che nessuno è mai contento della propria vita esattamente così com'è. Ogni giorno e ogni anno, ognuno di noi attraverserà periodi della propria vita che sono paragonabili ad alti e bassi.

Potrebbe essere più vantaggioso per te permetterti di rimanere infelice per un certo periodo di tempo se non riesci a identificare la causa specifica del tuo sentimento di malinconia.

Quando hai a che fare con sfide legate alla tua salute mentale, non dovresti mai chiudere un occhio sulla situazione. È possibile che tu ti trovi in disaccordo con l'idea che tutti meritino di essere felici in ogni momento e in modo coerente.

Tieni presente che alla fine trionferai sulle difficoltà che stai affrontando, indipendentemente da quanto siano orribili. Sorprendentemente, potresti provare un senso di sollievo quando fai i conti con la realtà delle tue esperienze e rinunci alla ricerca della felicità che dura per sempre.

Metodi per la gestione delle emozioni non del tutto chiare: azioni da intraprendere quando tutto sembra essere in ordine .

In situazioni in cui tutto sembra andare a gonfie vele, potrebbe essere più difficile trovare una risposta alla domanda "cosa c'è che non va in me?" in quei momenti. Perché ti senti così se tutto sembra essere in ordine dall'esterno? Quale potrebbe essere la ragione dei tuoi sentimenti? Più di una semplice depressione o un altro problema di salute mentale potrebbe influenzare il tuo stato emotivo. Ci sono anche altri potenziali fattori.

Ecco un elenco di possibili spiegazioni per questo: è possibile che tu metta le esigenze degli altri prima delle tue, il che si traduce in un fallimento miserabile nel ritrarre te stesso come autentico. Potresti iniziare a provare rimorso per la tua scelta di carriera se il ruolo che svolgi ora non ti offre sfide sufficienti.

Come risultato del tuo completamento con successo di un obiettivo chiave, potresti chiederti quale sarà il passo successivo. C'è la possibilità che tu sia pronto per un cambiamento, dato che sei stanco di stare nello stesso posto.

Se provi sentimenti di infelicità, è probabile che ciò sia dovuto all'assenza di uno di questi elementi nella tua vita. Poiché un estraneo presumerebbe che tutto vada bene per te, questo è in genere il problema più difficile da gestire. D'altro canto, indipendentemente da quanto vadano male le cose nella tua vita, potresti comunque sentire di avere molto margine di miglioramento. Tenere un quaderno può essere uno strumento utile per una ricerca e un'analisi più approfondite di sentimenti così intricati, in modo da poterli comprendere meglio. In particolare nel caso in cui non vi sia un'esigenza immediata di trattamento a seguito di un'emergenza di salute mentale. Scopri cosa ti renderà felice prima di mettere la penna sulla carta, essendo curioso e scoprendo cosa ti ispirerà. Continua a chiedere chiarimenti finché non ti vengono fornite risposte. Se ci sono certi sentimenti che non ti permetti di provare molto spesso, la scrittura libera è un modo eccellente per entrare di nuovo in contatto con quei sentimenti. Questo è ciò che Verywell intende .

Se non riesci a rimuovere l'idea che ci sia qualcosa di sbagliato in te, non saprai quali misure adottare per migliorare te stesso. È prassi comune iniziare il processo di decisione del corso d'azione successivo identificando prima l'origine dei tuoi sentimenti.

Ti senti come se la tua salute ti stesse abbandonando in qualche modo? A quel punto, è altamente consigliato che tu fissi un consulto con il tuo medico locale. È possibile che il contrario sia vero anche se hai una malattia mentale. Come risultato dell'eccessiva quantità di pressione che stai vivendo, credi che ci sia qualcosa di sbagliato nella tua vita? Il miglior corso d'azione sarebbe capire come ridurre la tensione che stai vivendo e sfruttare al meglio la situazione in cui ti trovi ora.

Potrebbe essere l'elemento più difficile del processo scoprire un rimedio quando non si è sicuri di quale sia il problema. Prenditi una pausa dalla conversazione e concentrati su ciò che i tuoi pensieri stanno cercando di dirti. Sarai più pronto a iniziare a fare cambiamenti nella tua vita una volta che avrai acquisito consapevolezza dei modelli di pensiero e dopo aver imparato come adattare il tuo pensiero per sperimentare i risultati che desideri veramente.

In conclusione, è fondamentale che tu cerchi assistenza se stai attraversando delle difficoltà e niente sembra andare nella giusta direzione. È importante ricordare che siamo tutti imperfetti; se hai difficoltà a dare un senso alla tua vita, sappi che hai il supporto di altre persone che capiscono e sono pronte ad ascoltarti mentre lavori sui tuoi problemi. avanti con una prospettiva positiva.

# 13 delle strategie più efficaci per cambiare il tuo punto di vista :

Il modo in cui interpreti il mondo che ti circonda è direttamente proporzionale alla prospettiva che hai. Mantenere una visione cupa può avere conseguenze negative su vari aspetti della tua vita, tra cui il tuo lavoro, le tue relazioni e la tua salute. Oltre a ciò, gli studi hanno dimostrato che il pessimismo può essere una caratteristica autosostenibile, che può dare origine a un ciclo infinito.

La buona notizia è che possiamo migliorare le nostre capacità cognitive praticando costantemente alcune semplici procedure. Come parte della loro appartenenza al Forbes Coaches Council, i coach hanno offerto le seguenti raccomandazioni.
Ognuno dei tredici mentori discute i modi in cui hanno superato le abitudini mentali negative in questo saggio.

Ogni giorno, prenditi del tempo per riposare. Concentrandoti sui pensieri negativi per dieci minuti al giorno, puoi invece imparare a controllarli e imparare a controllarli. Il Negative

Thought Time (NTT) dovrebbe essere programmato per dieci minuti da mettere da parte ogni giorno. Nel caso in cui ti ritrovi a rimuginare su pensieri sfavorevoli durante il giorno, annotali e impegnati a rivisitarli durante il tuo tempo libero. A tempo debito, sarai in grado di superare la tua visione pessimistica e di ottenere il controllo dello scenario in cui ti trovi.

Cambiare la tua lente negativa è il secondo passo. Dimentichiamo il termine "superamento"; il termine "sostituzione" si riferisce al processo di ristabilimento di processi mentali più utili. I modelli di pensiero negativi sono pervasivi, proprio come le strade ben percorse nella nostra mente, e sono ovunque. Direzioni facili da capire .

Individuare il punto in cui il trend è iniziato inizialmente è il primo passo. La seconda fase è riconoscere quando si è raggiunto un plateau ed essere pronti a fare aggiustamenti perché si è pronti a fare cambiamenti.

Sii il più esplicito possibile sulle modifiche che vorresti vedere nel terzo paragrafo. Scegli un'opzione completamente nuova che ti porterà un passo più vicino al raggiungimento dei tuoi                                obiettivi.

In terzo luogo, dovresti sforzarti di essere il tuo migliore amico.

Gli esseri umani hanno la tendenza a essere un po' critici con se stessi. Molto di ciò che diciamo a noi stessi è piuttosto importante. Seguire questi semplici passaggi ti aiuterà a iniziare:

Semplicemente mettilo lì. 1. Lasciarlo andare ti permetterà di smettere di soffermarti su di esso e iniziare a vivere la tua vita. Entro i prossimi tre minuti, porremo fine a questo periodo di autocommiserazione.

È importante prestare attenzione e rimanere vigili. Acquisire la capacità di riconoscere le idee negative. La rivalutazione sarà possibile come risultato di una nuova comprensione.

Infine, dagli una nuova forma. Ora che hai capito le ragioni del tuo comportamento duro , dovresti sforzarti di metterti nei panni del tuo amico più caro e ascoltare cosa direbbe. Poi, devi rassicurarti che ne sei degno. 4. Prendine nota se non ne sei sicuro. È importante prestare attenzione all'origine dell'atteggiamento negativo. Mettere su carta un'idea sgradevole o confusa rende molto più semplice assorbire e andare oltre ciò che viene detto. Scopri cosa ti piace, cosa ami e per cosa sei grato, e fai uno sforzo per impararlo.

Mantieni un buon atteggiamento mentale sia per quanto riguarda i tuoi pensieri che per le tue attività. Sia che tu lo faccia verbalmente o in silenzio, esprimere la tua gratitudine, felicità e amore per le cose che hai nella tua vita è un metodo efficace. Sei pronto a prendere parte a una discussione che si immerge in profondità? Il caffè di oggi è davvero delizioso."Questa sedia è abbastanza comoda per la mia schiena."Sono grato di aver avuto l'opportunità di discutere i nostri pensieri con il mio gruppo. Il conforto è sempre vicino, anche quando ci sentiamo giù. Se prendi semplicemente la decisione di cercarlo attivamente, sarà disponibile per te. Questa è Wendy Pitts Reeves, una consulente di PLLC.

Il Forbes Coaches Council è un gruppo inaccessibile al grande pubblico e composto dai più rinomati business e career coach. Potrei farne parte?

Sii onesto con te stesso e chiediti anche le cose difficili.

Considera come rispondi alle richieste difficili da soddisfare . Come si può trarre beneficio dal concentrarsi costantemente sugli aspetti negativi di una situazione? Da questo, cosa potrò salvare? Nel caso in cui permetta ai miei pensieri negativi di prendere il controllo, cosa perderò? Nel caso in cui questo sia il caso, qual è il costo? Come terza domanda, come posso trarre profitto dall'adozione di una mentalità positiva? C'è un prezzo da pagare per adottare un punto di vista più ottimistico? Per quale motivo scelgo sempre di guardare le cose da una prospettiva negativa?

Crea nuove routine e abitudini

Invece di "superare" schemi di pensiero negativi, è più produttivo riformulare il processo come creazione di nuove abitudini. Questo è un modo più costruttivo di guardare le cose. Puoi riuscirci concentrando la tua attenzione su cose verso cui hai già un atteggiamento positivo, il che porterà i tuoi pensieri su quelle cose a essere più ottimisti. Potrebbe essere qualsiasi cosa, dall'andare in spiaggia al trascorrere del tempo con un animale domestico con cui adori trascorrere del tempo. Cominciamo con qualcosa di semplice, va bene?

Non ascoltare le notizie al mattino .

Secondo gli studi, il rischio di avere una giornata spiacevole aumenta significativamente quando si è esposti a notizie terribili, anche se solo per tre minuti la mattina presto. Secondo la ricerca, avere una mentalità positiva può aumentare la produttività, il piacere sul lavoro e può anche ridurre il numero di errori che si verificano. È possibile alterare lo stato mentale di un'altra persona, ma farlo non è sempre un compito facile. Per evitare di sentirsi giù, dovresti evitare di guardare le notizie del mattino o qualsiasi altra cosa che potrebbe potenzialmente deprimerti.

Utilizzare affermazioni affermative.

Nel momento in cui apri gli occhi al mattino, dovresti esprimere gratitudine a Dio perché è un giorno fresco. Se vuoi iniziare bene la giornata, prova a buttare giù qualche commento positivo su te stesso. Alcuni esempi di frasi del genere includono "Amo le persone con cui lavoro", "Ogni giorno do un contributo positivo" e "Sono aperto a pensieri ispirati". Nel caso in cui ti trovassi a mettere in dubbio le tue capacità, torna semplicemente a un momento in cui hai superato una sfida e hai avuto un senso di realizzazione. Mantenere una mentalità positiva richiede uno sforzo quotidiano, ma ne vale la pena una volta raggiunto.

Stabilisci una struttura che garantisca il tuo successo .

Una routine che ho definito "Programmazione Quantistica" fa parte della mia routine mattutina da quindici anni, da quando l'ho iniziata. Prenditi del tempo la mattina presto per riflettere sulle cose che vuoi realizzare nella tua vita e sul tipo di persona che vuoi diventare. Questa è una componente essenziale di questa pratica. Nel processo di lavoro per il raggiungimento dei tuoi obiettivi a lungo termine, hai anche stabilito una serie di parametri di riferimento significativi. Ogni volta che decidi di fare qualcosa per te stesso e ti impegni molto per realizzarla, la negatività scompare .

Incanala le tue energie verso un progetto che sarà utile al mondo.

Identificare il modello di pensiero negativo e stabilire un obiettivo che sia sia positivo che stimolante è un'eccellente (e vincente) strategia per combattere le abitudini di pensiero negative. Di conseguenza, prendi la decisione di risparmiarti di preoccuparti del male per un periodo di cinque minuti ogni volta che ti ritrovi a farlo. Questa è una cosa che ho terminato di recente e ha fatto sì che un'azienda completamente nuova andasse avanti a una velocità elevata.

C'è una tendenza comune a sottovalutare la rilevanza dell'apprezzamento per la propria felicità. Nonostante il fatto che la vita non stia diventando più semplice, possiamo diventare più resilienti riformulando le difficoltà alla luce di tutti i momenti positivi che si verificano nelle nostre vite normali. Costruisci un elenco utile e assicurati di consultarlo frequentemente. È importante essere il più specifici possibile e concentrarsi su ciò che si desidera veramente. È possibile raggiungere il successo a lungo termine mantenendo un atteggiamento positivo e una mente lucida.

Provate diversi approcci alla meditazione in movimento.

Come persona che ha lavorato come istruttrice di yoga, coach di scrittura e autrice, posso dire per esperienza personale che se vuoi liberare la tua mente dai pensieri negativi, devi agire . Se vuoi liberarti dei tuoi pensieri eccessivamente teorici, devi riportare la tua attenzione sul tuo sé fisico. Basta impegnarsi in una breve sessione di yoga o esercizi di respirazione mirati (una meditazione seduta che dura dai dieci ai quindici minuti) è tutto ciò che serve per interrompere queste abitudini mentali. La tua capacità di concentrazione migliorerà se incorpori un po' di attività fisica nella tua routine quotidiana.

Sbarazzarsi dei concetti inutili: una guida

Il pensiero negativo può rendere una serie di problemi, come ansia sociale, malinconia, stress e bassa autostima, significativamente più difficili da gestire. Il primo passo per modificare il tuo attuale schema di pensiero è diventare consapevole degli effetti che ha sulla tua vita e dei problemi che produce.

Il modo in cui pensiamo ha un effetto su come ci sentiamo e sulle azioni che intraprendiamo. Nonostante il fatto che tutti noi abbiamo pensieri casuali e improduttivi di tanto in tanto, è essenziale essere pronti ad affrontare queste idee quando si presentano per evitare che ci rovinino la giornata. La seguente spiegazione è fornita da Rachel Goldman, professoressa associata clinica presso la New York University School of Medicine e                                        psicologa.
I cambiamenti nei propri schemi di pensiero sono qualcosa che può essere realizzato da chiunque da solo, nonostante il fatto che parlare con un terapeuta possa essere utile in molteplici situazioni. In questa sezione, discuteremo alcune delle strategie che potresti adottare per cambiare

il tuo atteggiamento negativo. Il tuo obiettivo dovrebbe essere quello di mantenere uno stato mentale che sia completamente presente e consapevole in ogni momento. Attraverso la pratica della meditazione, l'idea di consapevolezza è stata inizialmente concepita. Se si desidera impegnarsi nella pratica della consapevolezza, si deve prima acquisire la capacità di staccarsi dalle proprie esperienze interne ed esaminare i propri pensieri e sentimenti con l'imparzialità di uno scienziato. Un metodo per aumentare la propria consapevolezza di sé è praticare la consapevolezza, ovvero concentrarsi sul momento presente.

L'obiettivo finale dell'allenamento alla consapevolezza è apportare un cambiamento nel modo in cui un individuo interagisce con i propri pensieri.

Quando si tratta di gestire il tuo monologo interiore, il metodo più efficace è pensarlo come una serie di elementi che puoi soffermarti a osservare o semplicemente lasciar fluttuare. Sii consapevole del fatto che le tue idee sono la fonte dei tuoi sentimenti e dei comportamenti che adotti. Dai un'occhiata ai pensieri che hai. Sforzati di accertare il grado in cui questa idea può essere implementata. Cosa speri di ottenere esattamente adottando questo modo di pensare nella pratica? Più pensi a qualcosa, più sentimenti emergono dentro di te.

L'obiettivo dell'allenamento alla consapevolezza è di rieducare il cervello razionale, che è responsabile del controllo delle risposte emotive. Secondo le raccomandazioni di numerosi psicologi, praticare la consapevolezza, che può essere definita come essere pienamente presenti nel qui e ora, può aiutarti a fare un uso migliore delle tue idee.

Secondo i risultati di uno studio, la consapevolezza potrebbe essere in grado di attenuare l'impatto dei pensieri negativi: chi la pratica ha riferito di avere meno pensieri negativi in risposta a immagini sfavorevoli .

- Gli effetti anti-ansia della pratica della meditazione consapevole

I tuoi pensieri contengono concetti che non sono produttivi. Mentre ti alleni a riconoscere e classificare schemi di pensiero negativi e distorsioni cognitive, è importante tenere d'occhio il tuo monologo interiore. Un esempio di "pensiero in bianco e nero" è quando un individuo ha un'immagine di sé che è o completamente buona o completamente negativa, indipendentemente dalle variabili esterne che lo influenzano. Di seguito è riportata una raccolta aggiuntiva di esempi che illustrano processi mentali indesiderati: Questa categoria di errore cognitivo è caratterizzata dalla proiezione errata di eventi futuri o dall'estrapolazione di pensieri che sono stati espressi da altri individui.

È possibile che tu soffra di catastrofismo , ovvero una forma di pessimismo, se provi sempre ansia per il peggior risultato possibile, indipendentemente dal fatto che esistano alternative migliori o più accettabili.

Una delle caratteristiche del paradigma di ipergeneralizzazione è la tendenza a generalizzare i risultati di un singolo esperimento a tutte le possibili possibilità. Quando ti lasci convincere che accadranno cose terribili, la tua vita potrebbe diventare ancora più stressante e cupa di quanto non sia in realtà. È possibile che l'autostima di una persona venga influenzata negativamente da un'autoetichettatura negativa in una varietà di contesti diversi. Se, ad esempio, riesci a convincerti di essere "scadente in matematica", potresti sforzarti di evitare attività che richiedono la tua abilità matematica.

Un punto di vista pessimista è caratterizzato da un pensiero troppo preoccupato di ciò che si "dovrebbe" fare. Poiché queste affermazioni non rientrano nel regno delle possibilità, i membri del pubblico si sentono scoraggiati e scoraggiati sulle loro possibilità di raggiungere i loro obiettivi.

Quando ti fai una convinzione su qualcosa basandoti sui tuoi pensieri al riguardo piuttosto che sulle prove, stai facendo un ragionamento emotivo con te stesso. Le ansie sono emozioni forti ed è facile che ti convincano che il tuo benessere è in pericolo solo perché le stai vivendo. Uno dei possibili risultati è un'intensificazione della preoccupazione e di altre emozioni sfavorevoli .

Questa scuola di pensiero pone un'enfasi significativa sull'attribuzione di importanza o colpa a fattori esterni quando i veri autori si trovano all'interno dell'organizzazione. È per questo motivo che un gran numero di persone si accusa di essere responsabile di cose che non sono state in grado di modificare.

I modelli di pensiero che distraggono sono classificati in base alle piccole distinzioni tra loro. L'uso di ragionamenti irrazionali e assunzioni che non sono fondate sulla realtà è il filo conduttore che li attraversa tutti.

Secondo Goldman, questa è la fase in cui devi riconoscere le convinzioni che ti sono dannose. Ora che sei consapevole del concetto, sei in grado di riconoscerlo per quello che è veramente: un pensiero dannoso, simile a un pensiero tutto o niente o a una distorsione cognitiva. Creane una nota mentale e dagli un nome. Richiamalo in seguito. Il fatto che "implichi" qualcosa è dimostrato da questo.

Un ulteriore consiglio è di fermarsi un attimo e riconoscere il concetto per quello che è in realtà. È importante tenere a mente che questa è semplicemente un'ipotesi di lavoro e non una realtà provata.

Il pensiero negativo può avere origine da una vasta gamma di fonti, e il ragionamento scorretto è solo una di queste. Una riduzione dell'impatto di queste fallacie può essere ottenuta riconoscendone prima l'esistenza e poi tenendo a mente che le nostre convinzioni non corrispondono alla realtà. Dovresti fare uno sforzo per evitare particolari modalità di pensiero se soffri di disturbo affettivo stagionale.

# Invece di pensare pensieri negativi, prova a pensare pensieri positivi :

La ristrutturazione cognitiva è una componente integrante di ogni programma di terapia cognitivo comportamentale (CBT). Attraverso l'applicazione di queste strategie, sarai in grado di riconoscere i pensieri che non sono costruttivi e sostituirli con pensieri più efficaci. La ristrutturazione cognitiva è una procedura che prevede l'individuazione di pensieri negativi, l'esame di questi pensieri per garantire che siano accurati e quindi la loro modifica. Puoi impegnarti nella ristrutturazione cognitiva sia in terapia che da solo. Nel suo suggerimento, Goldman afferma che si dovrebbero esaminare gli argomenti sia a favore che contro l'idea. Potrebbe spingerti a riconsiderare le tue ipotesi e a trovare risposte superiori e più applicabili alla situazione. La capacità di pensare in modo positivo e razionale diventerà istintiva con la pratica e il tempo, nonostante il fatto che inizialmente sarà difficile. È possibile modificare il proprio pensiero attraversando le fasi della ristrutturazione cognitiva che sono le seguenti:

Assicuratevi che la proposta sia fattibile. Valutate la validità delle vostre convinzioni attuali considerando cosa è accaduto in passato in condizioni paragonabili a quelle che state vivendo attualmente.

Dovresti pensarci molto e trovare eventuali problemi potenziali. Prenditi il tempo di soppesare attentamente i vantaggi e gli svantaggi del continuare ad avere fiducia nel concetto. La catastrofizzazione è una distorsione cognitiva di cui tutti dovrebbero essere consapevoli. È fondamentale esserne consapevoli.

Analizza i tuoi pensieri e pensa al consiglio che daresti a un amico che li condividesse con un altro.
Una ricerca condotta dalla Johns Hopkins Medicine suggerisce che le persone che stanno affrontando la depressione dovrebbero concentrarsi sugli aspetti più positivi della loro vita. Accertati se c'è un aspetto positivo nella situazione che stai affrontando al momento. D'altro canto, Goldman mette in guardia dal sostituire dati negativi con altri eccessivamente ottimistici. Affinché questi "concetti alternativi" abbiano successo, devono essere radicati nella realtà. Per evitare di pensare, non è una buona idea sostituire un'opzione che non è fattibile. Se ti

trovi in una circostanza simile, potrebbe essere utile chiederti cosa diresti a un amico. Nel caso in cui ti dicessi costantemente cose come "Sono un fallimento" o "Fallirò", Goldman consiglia di non cercare di convincerti del contrario. Al suo posto, dovresti provare a dirti cose come "Sono sicuro che avrò successo".

L'alternativa che offre è dire qualcosa del tipo "Non sono sicura di potercela fare, ma ci sto provando", un'affermazione più neutra e autocompassionevole.

Una singola sessione di ristrutturazione cognitiva è tutto ciò di cui gli individui hanno bisogno per superare i pregiudizi e gli atteggiamenti negativi che sono la causa principale dell'ansia, secondo la ricerca.

Assicurati di sintonizzarti su Verywell Mind per consigli sensati da professionisti che lavorano nel settore.

L'atto di prendere una decisione non dovrebbe essere ritardato.

Al contrario, la soppressione mentale è ciò che hai quando pratichi la consapevolezza. Il metodo richiede di cercare attivamente e rifiutare qualsiasi processo mentale negativo che potrebbe essere presente.

Indipendentemente da quanto tu cerchi di allontanare le idee negative, alla fine torneranno a perseguitarti. Il processo di "riflessione" è il nome dato a questo tipo di risultato. Il metodo più efficace è praticare la consapevolezza, che riduce l'influenza dei tuoi pensieri e li rende meno significativi in generale.

Credono che sia molto più angosciante quando i cattivi pensieri tornano a te dopo che hai fatto uno sforzo per reprimerli. Tuttavia, i ricercatori nel campo della psicologia spesso consigliano di agire per combattere le idee negative.

Quando reprimi le tue idee, finisci per preoccuparti di più a lungo termine, anche se potrebbe essere utile a breve termine. Se fai le cose da solo, imparerai come gestire le critiche.

La CBT, che sta per terapia cognitivo - comportamentale , include una componente chiamata "autodifesa assertiva", che può anche essere utile per gli individui che soffrono di ansia sociale.
Alla luce del fatto che invariabilmente entrerai in contatto con persone che a volte sono piuttosto critiche nei tuoi confronti, è essenziale che tu abbia la capacità di gestire le critiche e il rifiuto.

Un esempio di una tipica attività terapeutica è recitare una conversazione con il tuo terapeuta. C'è un'opportunità per te di esercitarti a essere più aggressivo e offrire feedback che siano utili durante questo periodo. Uno degli aspetti più importanti dei compiti è che gli studenti mettano in pratica nel mondo reale ciò che hanno imparato in classe.

Per gestire meglio le circostanze difficili, come ricevere critiche, potresti trovare utile avere la capacità di rispondere in modo aggressivo in anticipo. Il fatto che gli incontri nel mondo reale possano fornire opportunità per mettere in pratica questa tecnica è un altro fattore che viene preso in considerazione durante lo sviluppo di questo                                    metodo. Inoltre, numerosi studi hanno dimostrato che è vantaggioso affrontare gli "errori sociali", che sono noti per aumentare l'ansia e i pensieri negativi.

Se vuoi essere in grado di gestire i pensieri negativi che ti vengono in mente quando sei sottoposto a critiche o rifiuti, migliorare la tua capacità di riprenderti da situazioni infruttuose può essere di grande aiuto. La tua capacità di resilienza può essere migliorata se acquisisci la capacità di sopportare la preoccupazione che questi eventi occasionalmente portano con sé.

Sviluppa l'abitudine di tenere un diario regolarmente.
Tenere un "diario dei pensieri" o un diario dei propri pensieri è un metodo che può essere utilizzato per ottenere il controllo su schemi di pensiero dannosi. Tieni un diario dei pensieri se vuoi imparare a regolare le tue idee e smettere di rispondere emotivamente a eventi casuali. Questo potrebbe essere uno strumento utile per te se vuoi prendere il controllo dei tuoi pensieri.

Quando si partecipa alla terapia cognitivo-comportamentale (CBT), una delle attività che si fa comunemente è tenere un diario dei pensieri. È possibile che tenere un diario dei pensieri possa essere un metodo efficace per elaborare pensieri e sentimenti negativi associati a un appuntamento, ad esempio. Nel caso in cui tu fossi interessato a trasformare la tua prospettiva distruttiva e pessimistica sul rifiuto in una più costruttiva e costruttiva, questo studio dimostrerà come riuscirci.

In che modo tenere un diario mentale potrebbe essere utile per chi soffre di ansia sociale?

Detto questo, iniziamo col definire cosa sia il pensiero negativo. Ogni percezione di sé, delle proprie circostanze o delle azioni di un altro che sia influenzata da pregiudizi è considerata una cattiva nozione. Sono stati collegati a una serie di problemi di salute mentale, tra cui disturbi dell'umore, tra le altre cose. Ecco solo alcuni dei più comuni: 9) "Non sarò mai abbastanza bravo" . "Devono pensare che sono stupido per aver detto questo", insieme all'affermazione "Questa situazione è destinata a diventare brutta".

I miei pensieri sono costantemente pessimisti e non ho idea del perché. Non è anormale avere un atteggiamento negativo nei confronti della vita. Le persone che hanno un pregiudizio negativo tendono a dare più peso alle influenze negative che a quelle positive, il che può portare all'emergere di pensieri pessimistici. Considera la possibilità che, da un punto di vista evolutivo, fosse più vantaggioso per la specie avere una visione pessimistica. 10 È possibile che le distorsioni cognitive siano la causa del pensiero negativo. Caratteristiche come questa sono presenti in numerosi sintomi di ansia e depressione.
Questo dovrebbe spingerti a cercare il consiglio di un esperto di salute mentale, secondo l' interpretazione di qualcuno , che afferma che "se

scopri che pensieri negativi persistenti stanno influenzando negativamente la tua vita", dovresti cercare la sua assistenza. Potrebbe essere difficile affidare a un'altra persona informazioni sensibili; tuttavia, gli psicoterapeuti sono dotati delle capacità necessarie per riconoscere schemi di pensiero malsani e aiutare i pazienti a sostituirli con alternative più vantaggiose.

La difficoltà di rieducare le menti dei suoi clienti a pensare in modo più ottimista è qualcosa che Goldman sottolinea costantemente ai suoi clienti. Sostiene che è possibile sostituire i pensieri automatici negativi con altri più positivi con l'applicazione di tempo e impegno, nonostante il fatto che all'inizio possa essere difficile. Le ragioni dietro il ritardo del sollievo dallo stress e le possibili soluzioni a questo problema Una delle forme più comuni di procrastinazione è l'atto di ritardare decisioni importanti o compiti obbligatori. La procrastinazione è definita come l'atto di ritardare l'inizio di un compito fino all'ultimo minuto, anche se l'individuo aveva intenzione di iniziare il compito prima. Secondo la ricerca, il venti percento degli adulti e il cinquanta percento degli studenti ne sono affetti regolarmente                                            .
La tensione mentale, che può sorgere dall'interno o dall'esterno dell'individuo, è una delle ragioni

principali dei molteplici risultati negativi che possono essere attribuiti alla procrastinazione. Come risultato della relazione inversa che esiste tra stress e procrastinazione, il ciclo stress-procrastinazione è piuttosto diffuso tra i procrastinatori cronici.

Pertanto, è utile comprendere i perché e i come della loro interazione per alleviare la tensione e la procrastinazione. Lo scopo di questo saggio è di fornirti assistenza nel tuo sforzo analizzando la relazione tra stress e procrastinazione e fornendo indicazioni su come gestire entrambi questi problemi.

Un'indagine correlazionale sulla relazione tra rinvio del lavoro e disagio psicologico Se vuoi prevenire la tensione, rimanda le cose alla prossima volta. Le conseguenze che derivano dal rimandare i compiti a un momento successivo Rilassati e rimanda per un po' i lavori domestici.

Quali sono le conseguenze del rimandare i compiti?
Rimandare le cose a più tardi crea stress in due modi principali, che sono i seguenti:

A lungo termine, la procrastinazione provocherà una grande quantità di disagio a causa del suo effetto cumulativo. La procrastinazione può avere un impatto negativo sulla salute mentale in diversi modi. Uno di questi modi è che può causare nervosismo nelle persone perché sono preoccupate di non avere abbastanza tempo per completare il compito da svolgere. Le persone spesso rimandano le cose come tipica risposta alla pressione a cui sono sottoposte. Quando una persona è sotto troppa pressione per concentrarsi sul compito da svolgere, può scegliere di procrastinare impegnandosi in qualcosa di insignificante, come scorrere i social media.

Ad esempio, se una persona sperimenta stress come risultato della procrastinazione ma non sperimenta alcuna procrastinazione successiva come risultato dello stress, è un esempio di una relazione unilaterale che può essere sperimentata da certi individui. Sfortunatamente , ci sono casi in cui gli individui presumono erroneamente che questo collegamento operi in entrambe le direzioni, il che può causare un circolo vizioso di stress e procrastinazione.

O la persona che procrastina non riesce a uscire da questo ciclo, oppure è motivata a completare il compito da qualcosa di esterno a sé, come una scadenza. D'altro canto, il ciclo stress-procrastinazione può essere riacceso con il procrastinatore che sperimenta battute d'arresto, come provare sensazioni di essere sopraffatto da un nuovo lavoro.

Ricorda che ognuno è diverso e che lo stress e la procrastinazione sono risposte diverse a situazioni diverse. Questo è l'ultimo punto, ma non il meno importante, da tenere a mente. In generale, lo stress induce le persone a rimandare le cose a dopo, ma in certe circostanze, come quando hanno paura delle ripercussioni, potrebbe effettivamente spingerle ad agire più rapidamente. Ciò ha conseguenze significative perché lo stress induce gli individui a rimandare le cose a dopo.

Se vuoi prevenire la tensione, rimanda le cose alla volta successiva. In certe circostanze, rimandare il completamento dei compiti a un momento successivo può, almeno momentaneamente, avere l'effetto opposto e alleviare la tensione. Diciamo, ad esempio, che i livelli di ansia di uno studente aumentano ogni volta che pensa al suo prossimo progetto scolastico, ma diminuiscono ogni volta che usa una qualche forma di procrastinazione su Internet per rimandarlo all'ultimo minuto prima della scadenza. Alcune persone, che ne siano consapevoli o meno, usano il ritardo come una forma di regolazione emotiva per ridurre la quantità di stress che stanno vivendo. Nonostante sembri una tecnica innocua per liberarsi dallo stress, questo tipo di comportamento è spesso considerato disadattivo perché impedisce di progredire verso i propri obiettivi. È possibile che i livelli di stress di una persona aumentino quando inizia a prestare attenzione al proprio lavoro per una serie di motivi, alcuni dei quali possono includere i seguenti. mettere in attesa:

Non agire mentre stai rimuginando sull'argomento attuale. Svolgere un compito in poco tempo perché sei sotto una forte pressione temporale. L'esperienza di sentimenti negativi, come il senso di colpa, come risultato del ritardo nel completamento dei compiti. Le conseguenze del ritardo delle risposte, come incomprensioni nella comunicazione. Pertanto, rimandare le cose a più tardi allo scopo di ridurre la tensione immediata è in genere una perdita di tempo perché tutto ciò che fa è aspettare che lo stress inizi effettivamente, il che significa che la persona che procrastina "prende in prestito" del tempo per sentirsi meglio. un prestito con un breve periodo di rimborso che si tradurrà in pagamenti di interessi da parte sua quando lo ripagherà. Se la persona che si impegna nella procrastinazione si accontenta di rimandare le cose fino a quando non saranno realmente necessarie, o almeno fino a quando non saranno trascorse le date di scadenza, allora non c'è motivo di esprimere preoccupazione al riguardo. È possibile che il procrastinatore sperimenterà una riduzione dello stress come conseguenza di questa pratica; ma, potrebbe anche acquisire problemi aggiuntivi, come una lotta continua per raggiungere i propri obiettivi. Le conseguenze che derivano dal rimandare l'esecuzione di un compito a un momento successivo .

La procrastinazione ha numerose ripercussioni negative, tra cui effetti negativi sulla salute fisica e mentale, riduzione della qualità del sonno, diminuzione della stabilità finanziaria, diminuzione dei legami interpersonali, calo del rendimento scolastico e del benessere generale.

Per citare solo due dei tanti risultati sfavorevoli che potrebbero derivare dallo stress generato dalla procrastinazione, i problemi di salute mentale e fisica sono solo due dei tanti potenziali risultati. È possibile che lo stress causato dalla procrastinazione possa rendere le malattie esistenti e altri problemi di salute fisica ancora più gravi. Rilassati e rimanda per un po' i lavori domestici. Utilizzando strategie per lo stress e la procrastinazione, puoi fare di più e sentirti meglio allo stesso tempo. La riduzione dello stress basata sull'indagine è una strategia che può essere seguita. In poche parole, le domande presentate di seguito possono aiutarti a mettere in pratica questa strategia la prossima volta che ti imbatti in un'idea che ti preoccupa.

Questa idea continuerà a reggere? In che misura ritieni che questa idea sia ragionevole? Successivamente, dovrai determinare l'origine dell'idea stressante e le conseguenze che ha portato come conseguenza della sua esistenza. Le seguenti domande dovrebbero essere prese in considerazione se hai bisogno di assistenza con questo compito. Qual è il modo migliore per gestire uno scenario come questo? Ti sta facendo sentire rilassato o più ansioso di prima?

Ogni volta che pensi a questo, che tipo di immagini del passato o del presente ti vengono in mente?

Come ti senti in quel preciso momento, soprattutto mentre pensi in questo modo?

Quando pensiamo a qualcosa, i sentimenti che nascono da quel pensiero ci vengono in mente.

Ti ritrovi a pensare a compulsioni o dipendenze come conseguenza di ciò?

Che tipo di implicazioni ha questa idea sul modo in cui interagisci con le altre persone? In situazioni come questa, come puoi assicurarti di darti abbastanza tempo per rilassarti e rinfrescarti?

Il secondo passo è immaginare come ti sentiresti se quel concetto preoccupante non fosse presente nella tua vita e poi vivere in un mondo che non ne sia influenzato.

La domanda è: cosa sei se non possiedi tutto questo?

Ultimo ma non meno importante, è di fondamentale importanza raccogliere prove che contraddicano il pensiero stressante e valutare la possibilità che questo argomento conflittuale sia corretto. Ad esempio, anziché pensare "Non sarò in grado di studiare bene per il test", prova a pensare "Sarò in grado di studiare bene per il test". Questo ti aiuterà a prepararti meglio per il test. Dopodiché, dovresti cercare prove che supportino la tua nuova convinzione più fiduciosa.

Inoltre, hai accesso a un'ampia varietà di strategie utili aggiuntive che possono aiutarti a gestire lo stress e a inibire la tua tendenza a rimandare le cose a dopo. In particolare, è possibile fare quanto segue:

Il compito può essere completato suddividendolo in porzioni più piccole e gestibili. Se, ad esempio, non riesci ad andare oltre il primo paragrafo di un lungo documento di ricerca, potresti prendere in considerazione di suddividerlo in sezioni più piccole e gestibili.

Iniziare con piccoli passi è il modo migliore per iniziare. Per coloro che hanno difficoltà a iniziare, si può provare a scrivere una sola riga o allenarsi per due minuti. Una volta completata una di queste attività, dovresti convincerti che è giusto fermarsi.

Sei in grado di imparare e migliorare dai tuoi errori se ti dai il permesso di commetterli. Ricorda che la tua bozza iniziale di un articolo, ad esempio, in genere non sarà eccellente. Questo è qualcosa che dovresti aspettarti. Un primo passo importante per risolvere le tue preoccupazioni è riconoscere di averle. Dì a te stesso: "La loro opinione non conta" se ti senti nervoso per le recensioni da una fonte che non è particolarmente importante. Considera il futuro e crea una strategia per gestire tutti i potenziali risultati. Considera i fattori che potrebbero causare ritardi nel tuo lavoro, quindi escogita una strategia per superare tali fattori. Esegui una transizione graduale da un lavoro all'altro. Cambia marcia e concentrati su qualcos'altro finché non sei pronto ad affrontare di nuovo il primo problema. Ad esempio, se sei bloccato su un'attività particolare e non riesci a superare l'ostacolo iniziale, è consigliabile cambiare marcia e prendersi una pausa dall'attività. Organizza i tuoi compiti in modo tale da svolgerli nei momenti in cui sei più produttivo. Per iniziare bene la giornata, dovresti darti il permesso di essere il più creativo possibile.

Adatta il desktop ai tuoi gusti. Se, ad esempio, hai difficoltà a concentrarti sul tuo attuale lavoro a causa del rumore di fondo, potresti prendere in considerazione l'idea di indossare delle cuffie che annullano il rumore o cercare un luogo più tranquillo.

Rafforzare il tuo sistema di supporto sociale è qualcosa che dovresti fare. In alternativa, potresti scegliere di circondarti di influenze positive che ti incoraggiano a svilupparti evitando gli effetti dannosi. Un'altra opzione è quella di selezionare una persona che è considerata una figura autorevole o un esempio da emulare. Le tue batterie devono essere ricaricate il più possibile. C'è una correlazione tra fare pause frequenti e prevenire il burnout quando si lavora su lavori che richiedono un alto livello di concentrazione. Ricorda che gli impatti a breve termine della mancanza di sonno sulla tua produttività sono spesso più che compensati dai benefici a lungo termine per la tua salute e produttività. Questo è qualcosa che dovresti tenere a mente se vuoi mantenere la tua motivazione.

Lavora sullo sviluppo della tua fiducia nelle tue capacità. Hai fiducia nelle tue capacità e sei consapevole di essere in grado di raggiungere gli obiettivi che ti sei prefissato. Puoi migliorarti in diversi modi; uno di questi è capire come raggiungerai i tuoi obiettivi e quindi ideare una strategia per lavorare per raggiungerli.

Nel caso in cui tu abbia già rimandato le cose, dovresti prenderti un po' di tempo libero. Nel caso in cui tu non sia riuscito a iniziare un compito per troppo tempo, dovresti ricordarti: "Non avrei dovuto rimandare, ma ormai è passato". A questo punto, la cosa più importante è continuare con questo sforzo . Non arrenderti. Scopri come trattarti con gentilezza. Per essere più specifici, dovresti lavorare sullo sviluppo dei tre pilastri dell'autocompassione, che sono autobenevolenza (che significa trattarsi con gentilezza), comune umanità (che significa sapere che tutti hanno problemi) e consapevolezza (che significa accettare i propri sentimenti senza criticarli).

Lo sforzo che hai fatto sarà riconosciuto e apprezzato. Ad esempio, dopo una settimana di duro lavoro di studio, puoi decidere di premiarti con uno spuntino delizioso. È possibile che determinare le cause sottostanti della tua ansia e procrastinazione ti aiuterà a selezionare quale di queste tattiche implementare. Se prendi in considerazione questo, sarai in grado di concentrarti sulle tattiche che saranno più efficaci per te.

Per aggiungere la beffa al danno, non sottovalutare l'importanza di dare priorità alla cura di sé, prendendoti cura di te stesso in attività come l'esercizio fisico regolare e un rilassamento adeguato. Inoltre, è consigliabile cercare la guida di un esperto di salute mentale qualificato se hai sperimentato stress significativo o se hai anche lottato con altri problemi importanti come ansia o depressione.

In conclusione, è importante tenere a mente che, sebbene stress e procrastinazione siano entrambi problemi, potrebbe essere più produttivo cercare soluzioni che mirino solo a uno di questi problemi. A causa della natura interconnessa di questi problemi, risolverne uno può avere un impatto positivo sugli altri. Ad esempio, se riesci a ridurre la quantità di tempo che passi a procrastinare, sperimenterai una riduzione generale della quantità di stress che stai vivendo. Per riassumere, ci sono diversi approcci per gestire stress e procrastinazione; tuttavia, il passo successivo è determinare i fattori che contribuiscono a questi problemi. Questo problema o quello. Questa categoria include diversi approcci, tra cui, ma non solo: riduzione dello stress basata sulla ricerca, semplicità del lavoro, piccoli passi, fallimento aggraziato e sonno appropriato.

# Metodo per superare gli ostacoli e raggiungere con successo i tuoi obiettivi :

Gli ostacoli che possono impedirti di progredire verso i tuoi obiettivi sono chiamati. Per progredire nella vita, è necessario superare i limiti, specialmente quelli che fungono da ostacoli al raggiungimento.

Puoi affermare di aver raggiunto il successo nel raggiungimento di questi obiettivi solo se li realizzi davvero. Quando sei sul punto di morire a causa di perdite e delusioni impreviste, la vita può essere terribilmente spiacevole.

Se affermassimo che non ci sono sfide associate a nessun risultato, ci inganneremmo. I risultati di queste valutazioni rivelano spesso problemi che richiedono attenzione. Il grado di sicurezza che hai nella tua capacità di raggiungere sarà direttamente proporzionale a quanto bene sei in grado di affrontare questi problemi. Ci sono sette argomenti che giustificano il loro valore, che sono le difficoltà. Ecco un pensiero conclusivo sui " Modi per superare gli ostacoli nella vita": consigli che possono essere messi in pratica per superare gli ostacoli.

Di seguito è riportato un elenco di sette delle tante ragioni per cui i problemi sono particolarmente importanti. Alla luce di ciò, perché è essenziale attraversare il processo della sofferenza? Come sarebbe vivere in un mondo in cui non ci sono confini? Ora presenterò sette situazioni in cui superare le difficoltà si è rivelato piuttosto importante.

Inizialmente, ci sono alcune sfide che dovresti prevedere. Mostra la tua vera natura e personalità.

Le sfide che affronti nella vita hanno il potenziale di metterti in ginocchio. Quando raggiungi questo punto della tua vita, scoprirai chi sei veramente. Potresti essere sorpreso nello scoprire che le tue vere capacità e abitudini a volte ti sono nascoste. L'obiettivo di mettersi in circostanze difficili è quello di costringerti a uscire dalla tua zona di comfort in modo da poter crescere e svilupparti come risultato dell'esperienza. Imparare a riconoscere sia i tuoi punti di forza che le tue debolezze è un buon modo per iniziare a migliorare le tue possibilità di avere successo. Il completamento di questi compiti rivelerà la vera natura del tuo carattere.

La tua risposta alle sfide determinerà se avrai successo o meno.

L'idea che si possa camminare sull'acqua se si sa dove appoggiare le pietre ha ricevuto molta attenzione in passato. Una strategia innovativa può essere progettata come risposta ai problemi che stai affrontando ora.

Considera questa circostanza, in cui qualcuno ti fa del male regolarmente, come un'opportunità per imparare e impegnarti nella pratica del perdono. Non importa quale sia il problema, c'è sempre un metodo per risolverlo. Un cambiamento di prospettiva è tutto ciò che è richiesto per iniziare il percorso di acquisizione di intuizioni dalle difficoltà.

Non solo, ma è anche il motivo! Secondo una citazione attribuita a Benjamin Franklin, "ciò che non ti uccide non ti indebolisce".

È importante prendere a cuore il consiglio, pensarci e poi metterlo in pratica . Ricorda che l'avversità è ciò che costruisce la resilienza, quindi tienilo a mente. La resilienza non è una qualità innata in una persona, ma piuttosto una qualità che può essere insegnata. È importante tenere a mente che il successo non ti arriverà mai per caso. Nell'aldilà, questa è l'unica volta in cui è concepibile. Durante il tuo tempo qui, ti troverai di fronte a sfide e ostacoli che dovrai superare. Il carattere e il coraggio di una persona possono essere rafforzati attraverso il processo di confronto con le avversità. È possibile che se non sei soddisfatto di come stanno andando le cose ora, sarebbe prudente tentare la fortuna con un futuro più luminoso.

Accettare una sfida potrebbe aiutarti a diventare più resiliente in modo da poter affrontare il livello successivo se noti che il tuo coraggio sta iniziando a scemare.

Il fatto che ti restino solo circa duemila settimane di vita è davvero folle, non è vero? C'è un numero limitato di settimane nella vita; quando raggiungi l'età di 40 anni, ti rimarranno circa 2.000 settimane.

Quattro sfide ti aiuteranno a concentrarti su ciò che è più importante per te. Per soddisfare i tuoi valori, devi prestare loro grande attenzione e impegnarti duramente per raggiungerli. Una volta che hai un obiettivo specifico in vista, anche le sfide più scoraggianti sembreranno essere sotto il tuo controllo.

Ogni ostacolo sembra più difficile da superare quando non hai idea di cosa stai cercando di realizzare o dove stai andando.

Se vuoi avere successo nel superare i pochi problemi che valgono il tuo sforzo, devi restringere la tua attenzione come un laser e avere una chiara comprensione dei tuoi obiettivi finali.

Le prove ti permettono di lasciar fluire la tua immaginazione, che è il sesto vantaggio nel condurle.

Nel caso in cui tu fossi coinvolto in uno scontro frontale con un leone nella foresta, la tua vera velocità di corsa verrà rivelata. Lo splendore della vita può essere trovato proprio in questo fatto!

In assenza di ostacoli, è possibile che non ti avventuri in territori inesplorati. La stragrande maggioranza delle persone non è motivata a studiare e non possiede la pazienza richiesta per questa impresa . È necessario spingersi oltre la propria zona di comfort e consentire al proprio lato creativo di sbirciare se si vuole liberarsi dalle limitazioni.

Come abbiamo detto nel punto numero sei, quando ci si trova di fronte a delle difficoltà, si apprezza maggiormente i risultati già conseguiti.

Gli individui ti risponderanno in vari modi, a seconda di come li percepisci. Considera le azioni intraprese dal presidente Abraham Lincoln come esempio. Lincoln fu in grado di guidare gli Stati Uniti d'America attraverso la guerra civile con un successo incredibile, nonostante il fatto che lottasse contro la depressione.

Attraverso i suoi tentativi di unire la nazione, Abraham Lincoln fu in grado di trionfare sulle sue sfide personali e di scoprire un senso di scopo nella sua vita. Dopo un po' di tempo, divenne piuttosto abile nell'esercitare la pazienza. Questo concetto fu espresso da lui, e trasse determinazione dalle avversità.

Poiché scoprì significato e conforto in qualcosa di significativo al di là di se stesso, fu in grado di prevalere sulle sfide che affrontò. Cosa comprendono realmente le tue difficoltà e i mezzi con cui puoi prevalere su di esse Ci sono sette ostacoli che potrebbero condurti a uno scopo che è più alto dei tuoi problemi personali. Allontanarsi dall'autocommiserazione e andare verso il piacere che puoi portare a chi ti circonda è necessario per raggiungere lo stesso livello di contentezza nella vita che fece Abraham Lincoln. Non è raro scoprire che la risposta per superare le proprie sfide è aiutare altre persone a superare le proprie.

Questo è uno dei metodi più efficaci per superare i sentimenti di depressione. La chiave del successo con questa strategia è lasciar andare le preoccupazioni personali e concentrarsi sul dolore delle persone che si trovano nelle immediate vicinanze. Mantenere un'enfasi esteriore è benefico per il processo di sviluppo interiore.

Dopo aver compreso il valore degli ostacoli, ecco sette strategie per sfruttarli al meglio.

- Identificare le proprie sfide è il primo passo del processo.

Tieni a mente le cose che ti impediscono di progredire. In che misura queste sfide impediscono il tuo progresso verso il raggiungimento dei tuoi obiettivi?

In che misura stai restando indietro? Devi identificare la causa. In nessun caso dovresti mai, mai, mai tornare alla tua lista di lamentele; farlo ti darebbe solo ulteriori spiegazioni. La frase "Semplicemente non ho tempo" dovrebbe servire come spunto per rivedere la routine che stai seguendo al momento. Potresti non essere in grado di fare progressi a causa di problemi personali come la procrastinazione o cause ambientali come l'autocompiacimento quando si tratta del tuo avanzamento. "Non ho abbastanza soldi" è in genere in cima alla lista delle preoccupazioni che la maggior parte delle persone ha.

È possibile che tu stia riscontrando difficoltà al momento a causa di una mancanza di motivazione, di tempo o di entrambi. C'è anche la possibilità che tu sia consapevole di doverti concentrare sulla ricerca di modi per aumentare il tuo reddito riducendo al minimo le tue spese. Determina da quanti anni questo problema è disponibile al pubblico.

Da quanto tempo stai affrontando questo problema? Da quanto tempo lo stai affrontando? Sono curioso di sapere a quale parte della tua abitudine o sistema di credenze ti attieni che ti impedisce di raggiungere gli obiettivi che ti sei prefissato. È necessario che tu abbia le risposte a queste domande per modificare le cose nel modo appropriato.

Nel caso in cui tu abbia appena cambiato lavoro, ad esempio, potresti scoprire di avere difficoltà con alcuni aspetti del tuo nuovo lavoro o posto di lavoro. Ciò è dovuto al fatto che ti verrà richiesto di adattarti a un ambiente diverso.

Tieni a mente tutte le sfide che hai superato. Che tu scelga di conquistare attivamente le tue sfide o meno, puoi sempre imparare da esse e applicarle ai tentativi futuri. Ciò è vero indipendentemente dal fatto che tu voglia conquistarle attivamente o meno.

- Rifletti sulla tua posizione attuale in relazione all'universo.

Non è possibile raggiungere il successo superando ogni sfida. In loro presenza, provi un senso di impotenza perché sono così terribili. È possibile che ti manchi la forza di affrontare circostanze difficili.

Le ripercussioni di questo non dovrebbero essere considerate disastrose. Mentre lo fai, fai qualche respiro profondo e fai una lista mentale delle cose su cui hai effettivamente il controllo. La quantità di lavoro che metti è un modello di comportamento                                                      .
La tua capacità di decidere se cogliere o meno un'opportunità quando si presenta è completamente sotto le tue mani.

Diversi fattori, tra cui l'attività fisica, la dieta e il tempo libero, possono influenzare il modo in cui ci sentiamo e ci comportiamo.

Indaga sulla portata della tua influenza. Il prima possibile, inizia a lavorare sullo sviluppo di quante più caratteristiche desiderabili possibile.

- Per raggiungere il successo, è necessario .

La determinazione a continuare anche quando le cose si fanno difficili è una descrizione più vera di un balzo tremendo rispetto a qualsiasi altro tipo di balzo. Un inventario completo di tutte le barriere che ti impediscono di raggiungere i tuoi obiettivi dovrebbe essere eseguito, casella per casella. Questo è un corso d'azione intelligente.

Nel caso in cui tu abbia l'obiettivo di essere il copywriter più affermato dell'intero pianeta, è imperativo che tu ti iscriva a un corso online impegnativo. Partecipare a un corso di scrittura offerto online può essere un'opzione più pratica. Se lanci subito Google, sarai in grado di evitare questo tipo di problema.

- Insistere affinché sia adottata una strategia.

Assicurati sempre di lavorare con un elenco di altre attività che devono essere svolte. È possibile iniziare bene la giornata se si fanno le cose di prima mattina. Tenendo presente che ci saranno sfide e deviazioni da superare lungo il cammino.

Attraverso l'introspezione e l'applicazione delle lezioni apprese dai fallimenti passati, puoi migliorare gli obiettivi e le tattiche che hai per il futuro.

- Migliora la tua capacità di trovare soluzioni alle difficoltà .

Lavorare per diventare più analitici è qualcosa che dovresti fare se hai la tendenza a prendere decisioni basate sul tuo istinto. Nel caso in cui non fossi ancora in grado di decidere un piano d'azione, potrebbe essere fattibile quanto segue: quali passi farei se decidessi di iscrivermi a un corso di scrittura ma finissi per fallire? Sviluppare un piano di riserva è una cosa intelligente da fare.

Considera sia gli aspetti positivi che quelli negativi del seguire il corso di scrittura prima di prendere una decisione . Scopri se i vantaggi sono maggiori degli svantaggi in questa situazione.

- Guarda quanta strada hai fatto finora.

Tieni un quaderno in cui annoti sia i tuoi successi che i tuoi fallimenti mentre lavori per raggiungere i tuoi obiettivi. Stabilisci degli obiettivi e sarai ricompensato dopo averli raggiunti. Per tenere traccia dei tuoi progressi, hai la possibilità di fare una delle seguenti quattro cose.

- Non è il meno importante della lista .

Gli ostacoli che siamo in grado di superare rendono la vita un'esperienza migliore. Finché sarai umano, incontrerai senza dubbio delle sfide. Una mentalità positiva e un cambiamento di prospettiva sono due cose che devi realizzare per avere successo nel superare le sfide. Possono essere usate come barriere o come trampolini di lancio, a seconda delle tue preferenze. Hai la capacità di fare una scelta deliberata sul modo in cui vuoi vivere la tua vita e di mettere in pratica la guida che ho offerto sopra per trionfare su qualsiasi sfida che potrebbe presentarsi. Assicurati di essere robusto e ben protetto. Prendi il controllo delle tue peggiori paure.

- Formulare una strategia per il futuro.

Se vuoi una guida, dovresti affrontare le tue preoccupazioni o cercare di sfuggirle. La maggior parte delle persone sperimenta un certo livello di ansia. I meccanismi di difesa primari si attivano quando c'è paura. È possibile che tu riesca ad astenerti dall'impegnarti in un'attività dannosa se riesci a fermarti in tempo.

D'altro canto, situazioni come tenere un discorso in pubblico, che non è realmente pericoloso, possono spingerti a sviluppare un'ansia che non è di diritto tua. Una notevole paura di parlare in pubblico potrebbe impedire a una persona di partecipare a rituali sociali e professionali significativi. Un esempio di questo è il brindisi al matrimonio di un caro amico. Questo è solo un esempio.

È possibile che tu creda che la tua paura ti impedisca di fare il grande passo e di partire per quel viaggio da sogno in Europa che hai sempre sognato di fare. Se la tua paura ti impedisce di vivere la tua vita al meglio o ti sta portando a difficoltà più grandi, affrontarla di petto può insegnarti tecniche di adattamento e aiutarti a superarla. La tua paura potrebbe anche contribuire a problemi più grandi.

Non dovresti cercare di impedirti di affrontare le tue preoccupazioni; piuttosto, dovresti capire come affrontarle, consultare un terapeuta e forse anche affrontarle di petto. Se, d'altro canto, la tua paura non ti impedisce di vivere la tua vita, probabilmente dovresti fermarti e pensare a quanto sia necessario affrontarla.

I rischi potenziali devono essere identificati e valutati.

Quando gli individui non hanno una conoscenza sufficiente su un argomento, i loro livelli di ansia possono aumentare. 1. Un esempio di ciò sarebbe il fatto che si può avere una paralizzante paura di volare a causa di tutti gli articoli di giornale che si concentrano su terribili incidenti che si verificano in aria.

Arriverai alla conclusione che la probabilità di morire su un volo commerciale negli Stati Uniti non è nemmeno lontanamente garantita se fai i calcoli. Le probabilità sono una su sette milioni, il che è significativamente inferiore alle probabilità di fumare, che sono una su 600. Quando sei correttamente assicurato al tuo posto, la turbolenza non rappresenta un pericolo significativo per te e gli scossoni e le scosse che provi quando voli hanno un significato razionale. Per preoccupazioni meno palpabili, come l'ansia di parlare in pubblico, i dati quantificabili potrebbero non essere sempre in grado di trasmettere adeguatamente la situazione. Puoi migliorare la tua sicurezza in te stesso leggendo le esperienze di altre persone che hanno fatto gli oratori in pubblico o ricercando pratiche che hanno avuto successo.

Quando eviti qualcosa, non significa che dovresti farlo semplicemente perché ti fa sentire a disagio. Per comprendere i potenziali pericoli e la gravità della situazione, dovrai impegnarti in attività che ti fanno provare paura. Formula una strategia per il futuro. Ci vogliono piccoli passi costanti per vincere le tue preoccupazioni. Tentare di svolgere un'attività pericolosa prima di essere pronto a farlo può avere conseguenze assolutamente devastanti.

D'altro canto, mantieni sempre uno slancio in avanti. È del tutto normale provare ansia a un livello moderato. È possibile che sprecherai una notevole quantità di tempo aspettando che non accada nulla se aspetti che la tua paura si plachi prima di agire .

È meglio suddividere le preoccupazioni in parti più piccole e gestibili e procedere verso quelle più grandi. Ciò ti consentirà di massimizzare la tua efficienza. Di seguito sono riportati alcuni dei modi in cui la terapia dell'esposizione può essere utilizzata per aiutare gli individui a superare la paura di parlare in pubblico:

Esercitarsi con il proprio pitch davanti a uno specchio per soli due minuti ti aiuterà a sentirti più                                    sicuro.

Dopo aver finito di ascoltare la registrazione della tua chat, dovresti valutare quanto bene hai eseguito.

Prova con un amico come rispondere alla particolare circostanza.

Il modo migliore per acquisirne un'idea è discuterne con qualcuno di cui ti puoi fidare. Per esercitarti nel discorso, dovresti riunire te stesso, un membro della tua famiglia più stretta e un tuo amico. Il tuo discorso dovrebbe essere esercitato di fronte a due amici, al tuo coniuge e a un membro della tua famiglia personale. La presentazione dovrebbe essere fatta durante un incontro con i membri dell'azienda. Come potenziale opzione di trattamento, la terapia di esposizione alla realtà virtuale (VR) può essere presa in considerazione in determinate circostanze. Le prove suggeriscono che esiste un trattamento che è benefico per il disturbo da stress post-traumatico (noto anche come PTSD). Cerca la guida di una persona esperta. Si consiglia di cercare il consiglio di un professionista della salute mentale autorizzato se si manifestano sintomi di una condizione medica come un disturbo alimentare, un disturbo d'ansia sociale o un disturbo da stress post-traumatico, o se le tue paure ti stanno causando difficoltà nelle tue esperienze di vita quotidiana. Alcuni individui che soffrono di fobie specifiche, una forma di disturbo d'ansia persistente, possono provare un senso di impotenza quando si confrontano con le loro preoccupazioni.

Con l'assistenza di un terapeuta cognitivo-comportamentale , sarai in grado di imparare come controllare la tua ansia. I pazienti che soffrono di un'ampia varietà di fobie, come la paura del palcoscenico e l'aracnofobia, sono stati pazienti con cui la maggior parte dei terapeuti della salute mentale ha lavorato in precedenza. Affrontare le tue ansie di petto non è un compito facile; tuttavia, la terapia può essere di aiuto fornendoti un ambiente sicuro in cui discuterne e insegnandoti strategie per gestirle. Con l'assistenza di un terapeuta, sarai in grado di fare progressi a un ritmo che sia sia controllato che benefico.

Il trattamento di accettazione e impegno (ACT) è una componente del trattamento basato sulla paura che può essere presa in considerazione. Attraverso questo approccio, imparerai ad abbracciare le tue preoccupazioni e a stabilire un impegno per renderle più gestibili. L'apprendimento esperienziale, che può anche essere definito terapia di "immersione" o "esposizione", è caratterizzato da quanto segue:

comporta la ripetizione di eventi stressanti, che è essenziale per la terapia di esposizione, che è progettata per aiutare gli individui a superare le fobie.

**Concetti dalla psicoanalisi :**

Uno degli obiettivi fondamentali del trattamento psicoanalitico delle fobie e del terrore è identificare ed eliminare la causa sottostante alla condizione psicologica trattata.

Gestire la paura: metodi e tecniche Nonostante il fatto che rimandare le tue preoccupazioni ti faccia sentire meglio nel momento presente, potrebbe finire per peggiorare notevolmente le tue preoccupazioni in futuro. L'amigdala, che è la parte del cervello responsabile della paura, è consapevole del fatto che ignorare le tue preoccupazioni non migliorerà la tua capacità di gestirle. Tuttavia, puoi ridurre al minimo la tua ansia "acclimatando" la tua amigdala, il che significa insegnare al tuo cervello a gestire la paura. Puoi farlo affrontando gradualmente le tue ansie, in piccole dosi che non ti sopraffanno.

Secondo i risultati di uno studio sugli animali pubblicato su Science, il cervello deve essere ripetutamente esposto alla paura per poterla superare. I ricercatori hanno sottoposto ratti e topi a una leggera scossa elettrica mentre erano rinchiusi in una gabbia. In seguito, hanno continuato a tenere gli stessi ratti in una gabbia per un lungo periodo di tempo senza sottoporli a scosse elettriche. All'inizio, i topi non hanno reagito, ma dopo essere stati sottoposti a questa scossa in numerose occasioni, hanno gradualmente smesso di farlo.

Nonostante il fatto che i risultati degli studi condotti sugli animali non possano essere trasferiti ai soggetti umani, il concetto di "affrontare le proprie paure" mira comunque a raggiungere lo stesso obiettivo. Considera la possibilità che sia giunto il momento di affrontare le tue paure. Non devi fare alcuna pressione su te stesso per vincere qualsiasi preoccupazione tu possa avere. Se vivi abbastanza nell'entroterra, la tua paura degli tsunami potrebbe non avere un impatto significativo sulla tua vita quotidiana come potresti pensare. D'altro canto, questo potrebbe diventare un problema per te se vivi in prossimità dell'oceano e provi molta ansia ogni volta che ci sono segnalazioni di tempeste, terremoti o alte maree, o se scegli di non andare in vacanza. È qualcosa che generalmente sceglieresti poiché preferiresti essere in un luogo che non sia in prossimità dell'acqua.

Affronta le tue fobie parlando con te stesso dei modi in cui ti impediscono di andare avanti. Pensi che le sfide che affronti ti impediscano di goderti la vita che avevi immaginato per te stesso?

Considera sia i vantaggi che gli svantaggi di affrontare la tua paura. La documentazione di questi è assolutamente necessaria. Esamina i vantaggi di affrontare le tue preoccupazioni di petto rispetto agli svantaggi di farlo. Dovresti fare un elenco di tutte le cose positive che accadranno se riesci a superare le tue preoccupazioni.

Se vuoi sapere quale sarà il passo successivo, dai un'occhiata alle informazioni raccolte.

# **Paura contro fobia :**

È utile comprendere la distinzione tra una paura comune e una fobia prima di prendere la decisione di affrontare la propria paura da soli. Gli psicologi concordano sul fatto che gli elementi che definiscono una fobia sono il grado di severità della reazione di paura e il grado in cui la fobia influisce sul funzionamento quotidiano dell'individuo.

È anche possibile guardare i jet decollare e atterrare da un aeroporto che si trova nelle vicinanze, oppure puoi semplicemente parcheggiare la tua auto e ammirare la bellezza. Per coloro che desiderano superare la loro fobia degli aerei, condurre ricerche sull'argomento e acquisire esperienza diretta potrebbe essere utile.

Nel caso in cui tu creda di non essere in grado di affrontare una circostanza spaventosa, puoi provare a esercitarti su come affrontarla attraverso l'uso dell'esposizione immaginaria. Per illustrare l'idea, non è facile mettersi nei panni di un'altra persona e generare il coraggio di salire a bordo di un aereo o di un altro tipo di mezzo di trasporto. Mettiti al posto del pilota e immagina di assistere al decollo per la prima volta.

Le fobie sono malattie mentali che spingono le persone a preoccuparsi più del necessario in risposta a pericoli reali, mentre le ansie sono una parte normale e prevista dell'essere umano. Prendi ad esempio la paura di volare, spesso nota come aerofobia. Se hai paura di volare, puoi scegliere di rinunciare completamente al viaggio o cercare altri mezzi per arrivare dove devi andare.

Credenze e preoccupazioni riguardo al furto, specialmente in circostanze in cui non c'è intenzione di rubare Per evitare gli aeroporti, provo una quantità crescente di ansia ogni volta che un aereo passa sopra la mia posizione. A un certo punto, non sarai in grado di salire a bordo dell'aereo o sperimenterai una significativa reazione fisica come tremore, sudorazione o singhiozzi per tutto il volo. Ci sono diverse alternative terapeutiche disponibili per coloro che soffrono di fobie. Queste includono farmaci, terapia guidata e altri modi che consentono ai pazienti di affrontare le loro ansie. I pazienti possono trovare sollievo dalle loro fobie attraverso queste opzioni di trattamento. Affrontare una fobia di petto è il metodo più efficace per superarla; tuttavia, è fondamentale che tu lo faccia in modo sicuro in modo da non causare ulteriori danni a te stesso. Se scopri di non essere in grado di controllare la tua preoccupazione da solo, cercare l'assistenza di un esperto di salute mentale può aiutarti a superare progressivamente le tue paure affrontando gli schemi cognitivi che ti stanno limitando.

# Metodi per scoprire la felicità e la serenità dentro di te :

È qualcosa a cui ti ritrovi a pensare molto, e ti fa preoccupare e sentire ansioso? Lo stato di avere una mente ansiosa è estremamente snervante. La tua ricerca di modi per calmare i tuoi pensieri ti ha portato nel posto giusto, perché sei arrivato qui. In generale, accettare le cose nel loro stato attuale è ciò che porta un senso di pace per la maggior parte delle persone; tuttavia, il significato di questa frase può variare da persona a persona. Quando siamo in questo stato, i nostri pensieri e i nostri cuori sono liberati dal peso dello stress che abbiamo portato con noi. Una volta che hai raggiunto una condizione di pace interiore, sarai in grado di scoprire la felicità senza doverla cercare all'esterno. Le esperienze che ti portano felicità e un senso di appagamento sono attivamente ricercate da te.

La capacità di creare tranquillità interiore è una qualità vitale che può essere sviluppata con uno sforzo costante. Questa capacità può essere immediatamente affinata da chiunque, indipendentemente dal suo background o dalle circostanze.

- Metti un po' di musica.

La musica rilassante può semplificare la concentrazione e il rilassamento dei bambini affetti da deficit di attenzione/iperattività (ADHD). Ciò che conta davvero è che la musica sia qualcosa che ti piace ascoltare e che ti faccia sentire più rilassato. Ogni volta che ti senti stressato, il metodo più efficace e veloce per rilassarti è ascoltare la musica che ti piace. È stato stabilito attraverso la ricerca che ascoltare generi musicali specifici, come strumenti a corda celtici, nativi americani e indiani, flauti, tamburi, pioggia, tuoni e jazz leggero, può avere un effetto comparabile sull'attività del cervello. metodo utilizzato dalle aziende farmaceutiche Se sei ansioso di iniziare, non c'è motivo di rimandare ulteriormente. Usa le cuffie per ascoltare musica comparabile a questa mentre la riproduci in streaming.

- Prendetevi un momento per rilassarvi e concentrarvi sui respiri profondi.

Si può migliorare la propria capacità di gestire lo stress praticando la respirazione consapevole, che consiste nel prestare attenzione a ogni respiro mentre entra ed esce dal corpo. Ciò aiuta la mente e il corpo a gestire meglio lo stress.

Concentra la tua attenzione sul diaframma e sui polmoni mentre fai cinque respiri lenti e profondi. Mantieni questa attenzione per tutto il processo. Quando si tratta di circostanze che richiedono pace e tranquillità, è un'opzione meravigliosa perché le conseguenze sono quasi rapide.

- Godetevi una piacevole passeggiata nella natura.

Potresti rilassarti e sentirti meglio facendo una passeggiata all'aperto. Questo è un ottimo modo per fare entrambe le cose. Mentre sei in vacanza, dovresti andare a correre all'aperto sotto il sole. Il cemento non dovrebbe mai essere usato in eccesso.

Un certo numero di individui ha un impatto rivitalizzante quando trascorre del tempo all'aria aperta. Mentre ascolti i suoni rilassanti della natura, scoprirai che i tuoi problemi iniziano a scivolare via. Prendere in considerazione queste raccomandazioni eliminerà la necessità di viaggiare. Puoi fare una passeggiata intorno all'isolato o in un parco che si trova nelle vicinanze.

- Rilassati e goditi il tempo trascorso con il tuo animale domestico .

Per alleviare lo stress, è altamente consigliato dedicarsi al gioco con un animale domestico. Tuttavia, il potere del tatto è generalmente trascurato, nonostante sia una componente essenziale per ridurre lo stress e migliorare il benessere.

Dopo essersi impegnati nella stimolazione tattile con un animale, le persone a cui sono stati diagnosticati problemi di salute mentale hanno riferito di aver sperimentato meno depressione e ansia. Se sei abbastanza fortunato da avere un animale domestico, assicurati di tenerlo vicino a te. Il rilascio di endorfine, che sono responsabili di un umore positivo, porterà a un miglioramento del tuo umore. Quinto, dai priorità al riposo a sufficienza. Nelle situazioni in cui siamo esausti e affaticati, nulla va secondo i piani che abbiamo in mente. Ogni notte, assicurati di dormire a sufficienza per dare al tuo corpo la possibilità di ricaricarsi. Dormire a sufficienza ogni notte ti consentirà di affrontare il giorno seguente con più vitalità e livelli ridotti di ansia. Ti accorgi di non riuscire ad addormentarti negli orari consigliati per te? Assicurati di continuare a seguire la tua routine notturna. Nei minuti che precedono l'ora di andare a letto, metti via i tuoi dispositivi elettronici, metti su un po' di musica rilassante e prenditi del tempo per rilassarti con una tazza di tè. Il tuo corpo sarà più in grado di acclimatarsi al sonno imminente se stabilisci una routine normale per ogni notte. È possibile che mettere al primo posto la tua salute mentale e fisica avrà un'influenza significativa sul percorso che intraprenderà la tua vita. Dai un'occhiata all'articolo intitolato "Come ottenere un sonno profondo in 5 passaggi in modo naturale" se hai problemi a dormire bene la notte.

- Assicuratevi di pulire regolarmente la zona.

D'altro canto, le conseguenze negative del disordine sono l'antitesi dell'impatto calmante che una casa priva di disordine può avere. Sembra una notevole quantità di lavoro, non è vero? Non fare nulla di fretta. I tuoi beni dovrebbero essere sistemati in quell'ordine sia nell'armadio che nella postazione di lavoro. Assicurati che il disordine in cucina e in soggiorno sia ripulito. Sta a te decidere se regalarli o venderli.

- Avere fede

Il bisogno di accettazione è della massima importanza quando si tratta di questioni di salute mentale. La tua salute mentale potrebbe migliorare significativamente se riconoscessi che la vita è piena di imprevedibilità e lavorassi per sviluppare strategie per affrontarla. Impara a distinguere tra le cose che sono sotto il tuo controllo e quelle che non lo sono.

- Sii presente

Quando ti impegni nella pratica della consapevolezza, dirigi tutta la tua attenzione al qui e ora utilizzando tutti e cinque i tuoi sensi: olfatto, gusto, vista e udito. Lascia che i tuoi sensi dirigano le tue azioni. Non dovrai preoccuparti o sprecare così tanto tempo a pensarci. In che misura, tuttavia, si affronta il processo di crescita della consapevolezza? Concentrarsi su un singolo lavoro alla volta e praticare la respirazione meditativa sono entrambe pratiche essenziali. "The Power of Mindfulness" è disponibile per la lettura quando ti è più comodo.

- Prendere piacere in se stessi

Quando le persone hanno un'alta opinione di sé, è meno probabile che siano consapevoli di sé di quanto non lo sarebbero altrimenti. Come risultato dell'instaurazione di un senso di tranquillità e fiducia nelle nostre capacità di affrontare gli ostacoli che la vita presenta, siamo più in grado di accettare noi stessi nel nostro stato attuale. La diminuzione dei nostri sentimenti di insicurezza è accompagnata da un aumento dell'impressione di calma. Amare se stessi non è così difficile come si potrebbe credere. Si consiglia di darsi il permesso di fare una lunga doccia, guardare un film o anche solo accendere qualche candela nella propria camera da letto se si sente il bisogno di rilassarsi e decomprimere. L'atto di amare se stessi non deve essere difficile, ma richiede uno sforzo significativo.

- Siate sempre onesti con voi stessi e dite la verità.

È un problema significativo per quanto riguarda la salute psicologica e la contentezza dei membri della popolazione. Quando i nostri pensieri e le nostre emozioni sono in accordo con le attività che svolgiamo, stiamo lavorando in modo congruente. Per raggiungere la congruenza, è necessario che le percezioni interne ed esterne di sé siano in accordo tra loro.

È quando le nostre opinioni interiori su noi stesse, come essere una madre premurosa, sono in contraddizione con le nostre azioni esteriori, come ignorare i nostri figli perché siamo troppo occupate, che sperimentiamo discordia. Imparare come agire costantemente in accordo con i propri principi è il fattore più importante per mantenere la propria salute mentale.

Scoprire i segreti della felicità e dell'onestà può aiutarti a ottenere la vita che meriti.

- Divertitevi e trovate gioia nella vostra vita.

Ridete spesso e liberatevi dall'ansia. Non appena avrete padroneggiato l'abilità della comicità autoironica e dell'umorismo denigratorio , sarete in grado di trarre vantaggio da un miglioramento immediato. Le endorfine e altri composti simili alle endorfine vengono rilasciati quando le persone ridono, il che è uno dei motivi per cui la risata ha un impatto calmante. Cosa comprenderà esattamente questo consiglio? Ritenete che sia più importante fare battute tutto il tempo o guardare dieci commedie ogni singolo giorno? Sì, senza dubbio no. Cambiare la vostra prospettiva richiede essenzialmente di fare prima questo.

- Amore incondizionato e abbondante .

Quando non ti aspetti di ricevere qualcosa in cambio, è molto più semplice amare senza paura. È possibile che una relazione d'amore condizionata culmini in frustrazione e rabbia se le aspettative della relazione non vengono soddisfatte. Avere ansia rende difficile per la mente riposare.

L'amore condizionato differisce in modo significativo dall'amore incondizionato in modo significativo. È perché hai delle aspettative sull'altra persona che il tuo amore per lei è condizionato invece che incondizionato. Nel contesto di una relazione romantica, l'amore condizionato può causare sentimenti di risentimento, disillusione, conflitto e infelicità quando le aspettative non vengono soddisfatte.

- Pianificare i controlli medici di routine .

Non raggiungerai il tuo obiettivo di "Voglio la pace della mente" se continui a ripetere la frase a te stesso senza fare alcun passo per ottenerla. Investire nella cura di sé e tenere d'occhio la propria salute è qualcosa che vale la pena fare. Alcune persone hanno una scarsa autostima, il che può essere dimostrato dal fatto che non credono in se stesse. La propria prospettiva e il modo in cui le altre persone interagiscono con te sono entrambi influenzati da questo. Afferma la tua gratitudine per ciò che già possiedi e fai in modo che sia una priorità cercare di te stesso. Non riesci proprio a trovare il tempo per programmare una visita dal medico? Dovresti utilizzare strumenti moderni. Con una serie di app correlate alla salute, puoi avere una sessione virtuale con un medico.

- Ricorda il passato

A intervalli regolari, dovresti prenderti un momento per fermarti e riflettere sul grado in cui sei soddisfatto della tua vita. Quanto ti piace il tuo lavoro? E le tue relazioni sentimentali? Sto andando nella giusta direzione? Dovresti apportare degli aggiustamenti se necessario per ottenere la pace interiore.

Fare il punto della tua vita regolarmente ti aiuterà a determinare quali aspetti necessitano di miglioramento, indipendentemente da quanto grande o piccola possa essere l'area. La tua carriera, la tua vita, la tua alimentazione o qualcos'altro potrebbe essere l'argomento di questa conversazione.

- Prendi l'iniziativa

Il punto che precede questo, il numero 14, è pertinente qui. Quando stabiliamo degli obiettivi per noi stessi e lavoriamo duramente per raggiungerli, proviamo un senso di successo.

Avere degli obiettivi, d'altro canto, non è un'informazione sufficiente. Stabilire degli obiettivi SMART, ovvero specifici, misurabili, raggiungibili, pertinenti e vincolati al tempo, ti aiuterà a ottenere i migliori risultati possibili. Ora che queste limitazioni sono state implementate, sarai tenuto a uno standard di responsabilità più elevato.

A volte, è opportuno prendere alla leggera le circostanze.

Migliora la tua capacità di adattarti alle circostanze mutevoli. Più inequivocabili sono le nostre convinzioni, maggiore è la probabilità che ci troveremo di fronte a prove che le contraddicono. È importante tenere a mente che non devi essere così critico con te stesso ogni volta che ti rendi conto di esserlo.

- Rilassati e lascia che la vita faccia il suo corso.

Invece di rimuginare sul passato o sul futuro, dovresti riportare la tua attenzione al qui e ora. Il momento presente è l'unica opportunità che abbiamo.

La nostra capacità di lasciar andare le preoccupazioni sul passato o sul futuro è facilitata dalla nostra capacità di rimanere nel qui e ora. Inoltre, se ti concentri sul qui e ora, sarai in grado di sperimentare livelli maggiori di realizzazione.

La domanda è: come riesci a vivere il momento presente? Fai sempre in modo di impegnarti in attività che ti diano gioia ogni giorno. Cogli l'opportunità di ammirare i panorami e i suoni della natura, assapora il sapore del tuo pasto e apprezza le belle parole della tua compagnia. Ultimo ma non meno importante, programma un po' di tempo nella tua agenda ogni giorno per impegnarti in un'attività che ti dia piacere.

Ecco alcuni aspetti su cui riflettere se vuoi liberarti dal peso di pensare al futuro e iniziare a vivere il qui e ora.

- Non agitarti

Ogni singolo giorno, ognuno di noi ha circa 6.000 nuove idee, secondo le stime. Riconoscere che le tue preoccupazioni sono inutili e ti impediranno di essere in pace è il primo passo per imparare a "mettere da parte" le tue preoccupazioni.

- È importante avere fiducia nelle proprie capacità e nei propri consigli.

Non c'è dubbio che questo sia uno dei metodi più efficaci per calmare la tua mente in subbuglio. È perfettamente accettabile che tu venga qui ed esprima i tuoi pensieri, proprio come lo è per tutti gli altri. Quando ci lasciamo influenzare da un comportamento apatico o passivo, ci facciamo del male.

Sia essere silenziosi e permettere ai desideri e alle esigenze degli altri di avere la precedenza sui propri, sia essere aggressivi e permettere a se stessi di essere trascurati, non sono caratteristiche associate all'assertività. Trovare una soluzione che avvantaggi entrambe le parti, un accordo "win-win", dovrebbe essere invece il primo obiettivo. Essere coraggiosi e difendere ciò che ritieni giusto non è una brutta cosa. Dovresti diventare abile nell'essere te stesso e scoprire modi per esprimerti in modo strategico.

- Lascia che i tuoi pensieri siano conosciuti

La libertà di espressione è della massima importanza. Questa caratteristica è inestricabilmente legata al concetto di assertività. Esprimi ciò di cui hai bisogno e che desideri. Non otterrai ciò che vuoi se non rendi nota la tua richiesta a nessuno.

Detto questo, è molto più semplice a dirsi che a farsi. Tuttavia, è importante ricordare che non tutti sono a loro agio nell'essere completamente onesti, soprattutto in contesti pubblici. Quindi, inizia con un piccolo passo; ad esempio, suggerisci a te e al tuo partner di andare a mangiare fuori o di guardare un film come modo per trascorrere del tempo insieme.

- È importante prendere in considerazione il "tempo per me".

Concedendoti il permesso di impegnarti in attività che ti danno gioia, rafforzerai la tua capacità di resistere agli stress continui che la vita porta con sé. È essenziale individuare e mantenere un sano equilibrio.

Trascorrere del tempo in introspezione è qualcosa che dovresti fare se vuoi saperne di più su chi sei. Devi dare priorità al tuo benessere se dai molto valore al tuo sviluppo personale. Quali opzioni sono disponibili per te in questo momento? Potresti andare in vacanza da solo o mangiare al ristorante che ti piace di più. Avere del tempo per te stesso non dovrebbe farti sentire a disagio o strano.

- Per mettere tutto insieme

Secondo la definizione fornita dal dizionario online gratuito, "frolic" significa "agire in modo spensierato e giocoso; frolic". Quando le persone sono costrette a lavorare senza sosta, provano immediatamente sensazioni di stress. Trova un metodo per incorporare attività che ti piace fare. Crea un senso dell'umorismo da situazioni che non sono esattamente esilaranti. È importante mantenere un atteggiamento leggero e spensierato nei confronti della vita. Quanto tempo è passato da quando ti sei concesso di assecondare il tuo bambino interiore e hai iniziato a giocare? Potresti provare a fare qualcosa come ballare sotto la pioggia, guardare un film d'animazione o semplicemente fare qualche respiro profondo se hai difficoltà ad addormentarti.

- È tempo di lasciar andare

Per alcune cose, semplicemente non è fattibile cambiarle, indipendentemente da quanto impegno ci metti. Quando ti rendi conto che è il momento di smettere di provarci, lascia andare (proprio come Elsa nel film!). Per iniziare il processo di rilascio, il primo passo è riconoscere le cose su cui non hai alcun controllo. L'accettazione dovrebbe essere il fulcro della tua attenzione piuttosto che la resistenza in questo caso.

Nel momento in cui inizi a lasciar andare il passato, attraverserai queste dieci esperienze.

- Non hai motivo di sentirti in imbarazzo

Una delle emozioni più spiacevoli e inquietanti è il senso di colpa. Nonostante il fatto che la rabbia possa motivarci (in senso negativo), le conseguenze negative della rabbia sono estremamente significative. Secondo uno studio, può anche portarti a provare una sensazione di essere fisicamente più pesante. Puoi evitare di sottoporti a stress inutile esaminando le razionalizzazioni che usi per giustificare i tuoi sentimenti di colpa. Non dovresti sentirti male quando i tuoi piani finalmente si realizzano. Ricorda sempre che ci sono alcune cose che semplicemente non puoi cambiare o alterare in alcun modo.

- Non dimenticare mai di esprimere gratitudine.

Quando ci prendiamo un momento per riflettere su tutte le cose belle che sono accadute nelle nostre vite, siamo in grado di trovare un senso di pace e guardare il lato positivo della vita. Ci sono momenti in cui abbiamo bisogno di essere spinti delicatamente per rivitalizzarci. Prendersi il tempo per riconoscere anche gli eventi più insignificanti è un metodo per coltivare un atteggiamento di gratitudine. Cosa hai pensato della tua colazione stamattina? Do tutta la gloria a Dio. Cosa hai pensato del tragitto che hai fatto stamattina? Non dimenticare di mostrare la tua gratitudine. Prendi nota delle cose positive che sono accadute oggi, indipendentemente da quanto possano essere state insignificanti.

- È importante fare un passo indietro dal fallimento e usarlo come trampolino di lancio verso il successo

Anche se la parola "fallimento" è spesso associata a connotazioni negative, la realtà è che tutti noi sperimentiamo il fallimento a un certo punto della nostra vita. Se una persona non commette mai un errore, non scoprirà mai nulla di nuovo né farà alcun progresso. Il fallimento è qualcosa che tutti sperimentano; anche gli individui di maggior successo devono affrontarlo.

Un metodo indiscutibile per sviluppare il coraggio è mantenere un atteggiamento positivo di fronte alle sfide e agli scoraggiamenti. Non è affatto colpa tua. Il vero problema sono le azioni che intraprendi tu stesso. C'è un enorme divario che deve essere colmato. Dopo che sarà passato un po' di tempo, svilupperai le tue capacità. È fondamentale che tu ponga fine alla tua paura e le dia un'altra possibilità.

- Partecipa a conversazioni significative con altre persone

La capacità di avere amici e familiari che ti "capiscono" e che possono entrare in sintonia con ciò che stai attraversando è uno degli aspetti più meravigliosi dell'affrontare la vita. Ogni volta che incontriamo qualcuno che è in grado di empatizzare con noi e stabilire una connessione con lui, proviamo un travolgente senso di felicità e conforto. Interagisco con loro, anche se è solo per salutarli quando li incontri per la prima volta. Da questo punto di vista, scoprirai l'inaspettato potenziale di favorire l'instaurazione di connessioni .

- Per metterti alla prova

Se non ti costringi a uscire dalla tua zona di comfort, non sarai mai in grado di comprendere veramente i tuoi talenti. C'è un vecchio proverbio che dice che è meglio provare pena per ciò che hai fatto che desiderare di aver fatto qualcos'altro. Attraverso i salti, puoi raggiungere il livello attuale. Continua a metterti alla prova fino al limite delle tue capacità. Le strategie facili per iniziare a muoversi nella giusta direzione includono fare quella telefonata tanto attesa o presentarti a una nuova conoscenza. Entrambi sono esempi di modi efficaci per iniziare le cose. Mettendosi in situazioni difficili, l'obiettivo è raggiungere la crescita personale. Entrando in un'area sconosciuta, puoi spingerti fino ai limiti delle tue capacità. Considera ciascuna di queste dieci strategie per raggiungere questo obiettivo.

Sperimenta diversi modi per comunicare i tuoi sentimenti negativi

Qualunque cosa susciti il tuo interesse, che si tratti di sport, hobby o comunità online di persone che condividono le tue caratteristiche. I sentimenti negativi non dovrebbero essere ignorati perché potrebbero avere un impatto negativo sulla tua salute generale. Se riesci a coltivare la capacità di reindirizzare i tuoi sentimenti negativi in modo costruttivo, scoprirai felicità e sollievo.

È possibile evitare che le tue emozioni negative diventino opprimenti se sai come gestirle prima che lo diventino . Reprimere costantemente i tuoi sentimenti, a lungo andare, ti porterà all'esaurimento. Ogni volta che ti ritrovi ad avere sentimenti negativi, è importante ricordare i metodi che usi per lasciarli andare.

- Mantenere una velocità ragionevole

La mia comprensione del livello di urgenza della situazione è carente. Troppo spesso, ci mettiamo addosso pesi inutili avendo aspettative estremamente elevate. Metti da parte il tuo fastidio e concentra la tua attenzione sugli eventi che stanno accadendo in questo preciso momento. Il viaggio per raggiungere la serenità interiore inizia qui. Tuttavia, perché è così difficile calmarsi in questo periodo? Per favore, prenditi il tuo tempo e fai attenzione.

- Dovresti prendere in considerazione l'idea di rendere i tuoi compiti e i compiti assegnati più difficili.

Attraverso l'uso di una tensione autoimposta, non è mai possibile raggiungere la pace interiore, la realizzazione e la soddisfazione. Quando diventi più abile nell'usare la parola "potrebbe" anziché "dovrebbe", avrai un maggiore grado di controllo sulla tua vita e sarai in grado di soddisfare i tuoi criteri.

Gli obblighi e i compiti dell'individuo sono la fonte di qualsiasi sforzo o limitazione eccessiva che può essere sperimentata. È importante ricordare al tuo bambino interiore che la vita non è una competizione e che non devi essere il migliore in tutto. Per provare un fallimento, non è necessario confrontarsi con altre persone che hanno fallito.

- Dimostrare un attento

Non si perde un solo oggetto, eppure è possibile ottenere un grande cambiamento. Compiendo atti di gentilezza, sia chi dona che chi riceve possono trarne beneficio. È facile dimenticare che essere gentili non costa nulla e non ha quasi mai conseguenze negative. Questo perché tendiamo a trattare noi stessi con lo stesso livello di gentilezza che offriremmo a un caro amico.

Se metti in pratica anche uno solo di questi 29 suggerimenti, compiere un atto di gentilezza ogni giorno diventerà per te naturale come respirare.

- Confronto

Nel processo di confronto con altre persone, sacrifichiamo la nostra autenticità. Metti da parte i pensieri e i comportamenti degli altri che sono nelle tue immediate vicinanze. Cosa stai cercando? Ognuno di noi viaggia attraverso la vita al proprio ritmo, acquisendo conoscenza e comprensione nei propri modi unici. La vita è un viaggio e lo facciamo tutti insieme.

La tua attenzione dovrebbe rimanere sulla strada davanti a te e dovresti astenerti dal dubitare o preoccuparti della condotta di altri conducenti individuali. Quando passi del tempo a confrontare le cose, ti privi di gioia. Troviamo soddisfazione quando accettiamo la nostra individualità e non ci conformiamo alle aspettative degli altri.

- Proverbi e affermazioni incentrati sul positivo

Utilizza le affermazioni per impegnarti in una conversazione costruttiva con te stesso. Esempi includono: "Posso gestire qualsiasi cosa la vita mi lanci addosso". Oh, questo è uno slogan fantastico

.

Mantieni la fiducia in te stesso e rassicurati regolarmente che andrà tutto bene. Puoi aiutarti a recuperare la fiducia nella tua capacità di regolare le tue emozioni ricordandoti spesso del valore che porti al mondo. Era necessario per te ricevere ulteriore supporto per credere in te stesso. Sbloccati con queste dieci affermazioni che cambieranno la tua vita e ti aiuteranno a sbloccarti. 35. È della massima importanza assicurarsi che ci sia sempre un flusso costante di denaro in banca.

Dovresti mettere da parte un po' di soldi per un momento in cui ne avrai veramente bisogno. Dovresti prendere l'abitudine di risparmiare denaro ogni volta che è possibile farlo. L'impostazione di un addebito ricorrente mensile ti assicurerà di non doverti mai più preoccupare di essere a corto di finanze. Dovresti prendere l'abitudine di monitorare sia le tue entrate che le tue spese su base mensile. Se hai una visione chiara della tua attuale situazione finanziaria, sarai in grado di gestire le tue risorse in modo più efficace.

- Eliminare il disordine è essenziale per avere una casa ben organizzata

Quando si tratta di felicità, il denaro può comprare la facilità, ma non può comprare la felicità che desideriamo così disperatamente. Coltivare un atteggiamento di gratitudine per le gioie semplici che la vita ha da offrire è la chiave per la felicità a lungo termine. Dal momento in cui inizi a mettere in atto questo piano, sperimenterai un miglioramento sia nel tuo benessere mentale che finanziario. Investi i tuoi soldi nelle cose che sono più importanti per te ed elimina le spese inutili.

- Aderenza

Fai un passo indietro e prova a vedere il quadro generale piuttosto che concentrarti su soluzioni immediate. In che misura prevedi che queste sensazioni dureranno per un certo periodo di tempo? È qualcosa che consideri significativo ciò che stai attraversando in questo momento?

Nella maggior parte dei casi, non incontrerai alcuna difficoltà. Fornisci loro un senso di prospettiva per aiutarli a rilassarsi. Cambiando la tua prospettiva, sarai in grado di ottenere un'immagine più accurata dei bisogni e dei desideri che hai realmente. Ricorda che c'è di più nella vita di quello che puoi vedere, e non perdere mai di vista questa verità. È importante mantenere la tua attenzione sul quadro generale ed esprimere gratitudine per ciò che abbiamo, ma non dovresti lasciare che questa gratitudine annebbi il tuo giudizio. Sarai in grado di acquisire denaro autentico se semplicemente aderisci a queste linee guida.

- Tieni d'occhio attentamente i modelli che si verificano nella tua mente

Il nostro grado di felicità è significativamente influenzato dalle convinzioni che abbiamo. Prenditi del tempo per riflettere sulle cose che tirano fuori il meglio di te quando vuoi sentirti al meglio. Dovresti tenere una conversazione con te stesso nello stesso modo in cui faresti con un amico affidabile o un membro della tua famiglia. Non ha senso essere egocentrici, perché priva qualcuno delle gioie che la vita ha da offrire. Quando si tratta di tirare fuori il meglio dalle altre persone e da te stesso, il primo passo è essere gentile e amorevole con te stesso. Non si può negare che hai diritto alla felicità. Una parte significativa di come ti senti emotivamente è determinata da ciò che pensi. Qualunque cosa accada dipende interamente da te.

Alza la voce per richiedere un cambiamento nella relazione. Dovresti perseguire i tuoi interessi, che si tratti di lottare per i diritti degli animali o di fornire assistenza a chi è nel bisogno. Dovresti combattere l'impulso di conformarti allo standard.

Non modificare chi sei per conformarti alle aspettative degli altri se vuoi mantenere la tua tranquillità . È importante tenere a mente che dovresti sempre essere rispettoso, anche quando stai difendendo ciò in cui credi.

- Non il meno importante della lista

Autenticità, accettazione del fatto che la vita è imprevedibile e la capacità di tenere sotto controllo i propri pensieri sono tutti componenti necessari per la ricerca della pace interiore. La maggior parte di noi "abusa" della propria mente quotidianamente pensando e dicendo cose che sono denigratorie per noi stessi.

Se impari ad avere meno fiducia nelle tue convinzioni, a respingere i pensieri negativi e a concentrarti sugli elementi positivi della tua vita, riuscirai a raggiungere una grande pace interiore.